心理学で文学を読む

困難を乗り越える力を育む

山岸明子

新曜社

まえがき

優れた文学作品は人間性や人間の心理についての深い洞察に満ちており、そのことが読者を惹きつけ、読みつがれる大きな要因になっていると考えられる。小説はフィクションであるし、作家は心理学者ではないが、心理学とは異なった形での人間性理解のエキスパートによって書かれていると思われる。エキスパートによる小説の記述や展開は、心理学理論に即しているのだろうか。異なっていることもあるだろうし、あるいは心理学理論に先んじている場合もあるかもしれない。

本書は心理学の本ではあるが、一般的な心理学書とはかなり異なっている。心理学のテーマと関連する「文学作品」を取り上げて、心理学の知見を参考にして読んでいく。文学作品では登場人物の言動や心理がその周囲の状況と共に描かれ、時間の経過と共にそれらがどうなっていくかが語られることが多い。一方心理学は、その中のある側面を取り上げて、条件を統制しながら客観的なデータに基づいて分析する。私は心理学者として心の発達を研究してきたが、この本では、実証的な検討ではなく、発達と関連する「文学作品」を取り上げて、発達心理学の用語や理論を使って読み解いてみようと思う。

本書で取り上げた作品は、私が今まで読んできた中で研究と関連させて分析してみたいと思ったものであり、心に残った作品と心理学研究がクロスした時に、書きたいという思いがおこったのだと思う。一人の読者としての私と、心理学という学問の研究者としての私の合作といえるかもしれない。

はじめて論文に文学作品を取り上げたのは、1983年の『心理学評論』の論文だった。[1] といっても、心理学、教育学に大きな影響を与えたコールバーグの道徳性の発達理論を論じる上で、例として文学作品（大江健三郎と庄司薫）の一部を取り上げただけだったが、青年期に愛読していた作品を自分の研究とつなげて論じることができ、それを学術論文として認めていただけてとても嬉しかった。しかしさすがにその路線を続けるのはむずかしいと思い、その後は実証的な研究を行なって、オーソドックスな論文を書いていった。でもいつか、「文学作品を心理学を通して読む」というような論文を書きたいという思いを密かに持ち続けた。

大学院時代からずっと道徳性の発達に関する研究を行なってきたが、1990年に看護短大に定職を得てからは徐々に対人的枠組みと対人的経験の問題へと研究テーマが移っていった。その研究は看護学生に書いてもらった生育史を分析することから始まったが、研究の中心的テーマは、養育者やまわりの人々との関係の中で形成される対人的枠組み（内的作業モデル）と対人的経験との関連、そして経験の中で内的作業モデルがどう変化するかを、研究対象者を長期にわたって追跡したデータによって検討することであった。対人的経験と内的作業モデルは関連していて、恵まれない環境でつらい経験をしてきた者の内的作業モデルは不安定な場合が多いという結果が徐々に得られていったが、一方、恵まれない環境でも問題を顕在化させずにそれなりに適応的に生きている者もいることが示され、精神的回復力 ― レジリエンス ― の問題にも注目するようになった。

レジリエンスは最近盛んに研究されるようになっている研究領域であるが、文学作品では恵まれない環境でつらい経験をしてきた者の回復を描く作品は数多い。生育史を分析するうちに、語られた文学作品の分析をできないだろうかという思いをもつようになった。そしてそのような文学作品の分析を、1983年の論文から20年以上を経た2005年頃から始めた。第Ⅰ部はその頃から書きだした「何が人を立ち直らせるか」に関する四編の論文を元にしている。

第Ⅱ部は道徳性の発達に関する考察で、コールバーグの発達理論と関連する研究に取り組む中で考えてきたことの一部を、文学作品を使いながら論じたものだが、「文学作品を心理学を通して読む」ということにもつながっていると考え収録した。

第Ⅲ部も第Ⅰ部で述べた「対人的経験と内的作業モデルの関連、そして経験の中で変化する内的作業モデルの問題を縦断的データによって検討する」という私の研究テーマと関連があり、またレジリエンスの問題とも関連しているが、立ち直りというより、経験の中での対人関係のもち方の変化に重点を置いて論じたものである。

発達心理学の理論そのものをしっかり学ぶことは重要だが、それと合致した事例にあたる文学作品を理論を意識しながら読むことは楽しいし、発達心理学の理解にも文学作品の理解にも役立つのではないかと思う。さらに、文学作品の分析を通して、新しく見えてくるものもあるかもしれない。

目次

装幀＝新曜社デザイン室

I　何が人を立ち直らせるのか

1 主人公カフカはなぜ立ち直ったのか
――村上春樹『海辺のカフカ』

1　はじめに

少年犯罪、いじめ、不登校、摂食障害等、青少年の不適応行動や心の問題が社会問題となり、マスコミ等でさまざまな形で取り上げられている。青少年の心の問題に直接かかわっている専門家（精神科医や臨床心理士、教育関係者等）、それらの問題を理論的・実証的に研究している心理学・教育学・社会学・哲学等の研究者はもちろんのこと、多くの論者によって、その原因や背景、対策が論じられている。心の問題の本質をフィクションの形で表現しようとする文学者によっても、取り上げられることが多くなっている。

この章では、発達心理学が明らかにしてきた知見を参照しながら、思春期の心の危機を描いた文学

作品 ―― 村上春樹の『海辺のカフカ』[1] ―― について分析を行なう。この作品は、15歳の誕生日に家出をした少年、田村カフカが、危機的状況を乗り越え、学校に戻ることを決意するまでの物語である。この作品を本章で取り上げるのは、第一に、村上春樹が青年の心を描いて多くの読者の共感と支持を得てきた作家であり、研究者とは違った形で青少年の心の本質をとらえていることが予想されること、第二に、危機に陥った要因と、危機を乗り越えることを可能にした要因とが明確に書かれており、作者がそれらについてどう考えているかが読み取れること、第三に、この問題は発達心理学の重要なテーマであり、実証的・理論的に検討されてきたこととの対応が検討できるためである。

第一の点に関しては、村上春樹は『風の歌を聴け』でのデビュー以来、同一性拡散に陥っている青年、孤独で世界との間がしっくりいっていない青年の心を、心理学の理論や用語は使わず、作家の洞察により、的確に描いてきている。それらの作品でも思春期の少年・少女は登場するが[2]、中心は同一性拡散に陥っている青年であり、思春期の少年が主人公として登場するのははじめてである。2002年10月に刊行されるや、すぐにベストセラーになり、また読者とのやりとりが単行本化される[3]等で話題になった。よく読まれていること、反応が多いことイコール本質的なことが書かれているためとは限らないが、その可能性はあると考えられる。

第二の点に関しては、『海辺のカフカ』は村上春樹の他の作品とは異なって、主人公の育ちの問題性が明白である。彼は著しく歪んだ家庭に育ち、幼年期・児童期とも必要な養育や配慮を受けず、他者との温かい関係が極端に欠如した少年である。今までの主人公は問題を抱えていても、それをもたらした要因や環境の歪みは明確ではなかった。『海辺のカフカ』で歪んだ育ちの少年を主人公にしたことには、従来とは異なったタイプの少年犯罪や児童虐待が問題化していること、問題となる青少年の心の問題の質が変わってきていることが関係していると思われる。そしてこの主人公は大きな問題を抱えながら、マスメディアで報道される現実の多くのケースとは異なり、最終的にはその危機的状況を乗り越えている。したがって、何が危機をもたらし、何がそれを乗り越えさせ立ち直ることを可能にするのかを考えるには、適切な作品といえる。

本章では、まず思春期とはどのような時期であり、思春期危機に関与している要因は何か、また危機を乗り越えるためには何が必要なのかに関する発達心理学の見解について述べ、それらと関連させながら、『海辺のカフカ』の主人公はどのような問題を抱え、にもかかわらずなぜ危機を乗り越えることができたのかについて分析を行なう。

2　思春期危機と適応を規定する要因

思春期から青年期にかけての時期は、心理・社会・生理的に大きく変化する時期であり、それに対処し、変化に合わせた自分を作り上げるという発達課題を課せられている。性的成熟に伴う不安、親から自立したい一方依存もしていたいアンビバレントな気持ち、「自我を発見」し自分に関心を向けるが、その自分は不安定で不確かであることの不安等、さまざまな不安や不安定さに直面しながら、大人として生きていく準備をし、「自分らしい自分」を模索して確かな自分を築くことが課せられている。これらの課題はむずかしい課題であり心理的負荷が大きいため、この時期には問題行動を引き起こしたり、不適応状態になる者がいるし、一般的な青少年であっても一過性の混乱が生じやすいとされている。

それまでは特に問題を示さなかった青年も、問題を露呈しやすいことに関して、以下のようなことが指摘されている。精神分析理論によれば、本能的な性的衝動であるリビドーが潜在しているため安定していた児童期の後、思春期になり性的成熟が始まると、リビドーが顕在化して欲求の源泉であるイドの力が強まり、一方親に由来する自己統制としての超自我が弱まり、それまでの安定が崩れて問題行動が生じやすくなる[4]。エリクソンはこの時期（思春期だけでなく青年期全体）を、「自分がわからない」という不安にかられる同一性拡散の危機に直面する時期としたが、時にはその防衛のためにさまざまな問題行動を引き起こすことになる[5]。また発達に伴って心理的・社会的・身体的な力が増大し、それまではできなかったことが可能になり、そのことにより一人前であるという意識や独立意識が高まり、自らさまざまな行動をするようになるが、まだ自己認知と状況認識が不十分であるために、その行動は不安定なものになりやすく、時に無謀な行動や問題行動につながる。一方で、問題を露呈させず、平穏にこの時期を過ごして大人になっていく者もいることも指摘されている（青年期平穏説[6]）。

青年期平穏説をはじめて日本に紹介した論文で、村瀬[6]は問題が露呈するか平穏に過ごすかを規定する要因として、(1) 児童期までの発達課題の解決の程度、(2) 環境的な条件(否定的な出来事等)、(3) 内外のストレスに対処できる自我の強さ、(4) 他者との適度の交流や支持、(5) 社会の価値体系と個人の志向性の一致等をあげている。そしてそれらは、(1) 不安・葛藤・挫折をもたらしやすい内面的状況的な負の要因群と、(2) それらを克服する方向に作用する正の要因群に分けられるとしている。

青年の適応や青年期の危機の程度を規定する要因については、その後多くの研究がなされてきた。むずかしい状況にもかかわらず不適応に陥らない力について、レジリエンス(精神的回復力)という概念が提唱されるようになっているが、コールマンら[7]は縦断研究に基づき、発達初期の不利な影響を防いだり軽減する要因として、(1) 高い知能と問題解決スキル、(2) 家庭の外への関心や愛着、(3) 片方の親とのよい関係、(4) 気安い気質、(5) 肯定的な仲間関係、をあげている。また長尾[8]は危機状態に陥る規定要因の中でどの要因の規定力が強いのかを中・高生を対象に実証的に検討しているが、規定要因として、(1) 自我の強さの程度、(2) ライフイベントの有無、(3) 現在の家族関係のあり方、(4) 幼児期の親子関係のあり方、(5) 前思春期の親友の有無、(6) 現在の交友関係のあり方、をあげている。

これらの知見をまとめると以下のようにいえる。第一にそれまでの生育の過程において発達課題をどの程度解決してきたか、あるいは幼少期から周囲とどのような関係をもち、どのように生きてきたかが関係する。特に親との関係は、基本的信頼という自我発達の基盤の形成を規定すること、幼少期の親（愛着対象）との関係の中で他者および自己の有効性に関する表象（内的作業モデル）を構成し、その表象が対人的情報を処理する際の枠組みになるため、適応に大きく影響することが指摘され[9][10]、多くの研究がなされている[11]。またサリバンが指摘しているように[12]、前思春期に親密な友人関係をもつことや、現在よい友人関係をもっていることも重要である。

青年がもつ内的力としては、自分や自分をめぐる状況を客観的に見る能力があげられる。精神分析理論における自我の機能である現実検討能力が高いことは適応をもたらすとされている。愛着理論では、自分自身や自分の認知を客観的・反省的にとらえる力（メタ認知能力）や形式的操作が可能であることが、問題のある育ちであっても安定した愛着を可能にする要因として重視されている[13][14][15]。以上のことは広い意味での自我の強さといえるが、自己効力感や自尊感情等、自分に対する自信があるかどうかもストレス耐性に関係し[16]、不安・葛藤・挫折に打ち克つ源泉になると考えられる。

外的状況的要因としては、否定的なライフイベント（たとえば家族の死、離婚）は問題の顕在化を促す負の要因として働くし、他者や社会からの支援はストレスへの対処を可能にし、正の要因として危機の克服の方向に作用すると考えられる。また社会の価値体系と個人の志向性の一致は自我同一性の達成に寄与する要因である。

以上のように、発達心理学の観点からは、青年のそれまでの発達のあり方や過去の対人的な関係性、本人の内的な資質、現在の状況要因、現在手にすることのできる外界からの支援等、さまざまな要因が関与していると考えられている。

3　カフカ少年の育ち

カフカ少年が語る彼の育ちは非常に劣悪であり、彼の記憶によれば、どの時期にも誰からも必要な養育や配慮を受けずに育ってきている。母親は彼が4歳の時に、本人に告げることなく、ある日姉だけを連れて出て行ってしまった。その時まで母親は愛着の対象であったと思われるが、その母親は何一つ残さず自分を捨てて行ってしまった。たとえそれまで「母親から愛されている」と思っていたとしても、捨てられたことにより「自分は母親から愛されていなかったのだ」という思いに変わってしまうだろう。そして父親と二人残された主人公は、「誰も自分を助けてくれない」「自分は誰からも必要とされていない」存在なのだという思いをもって生きてきた。

母親に捨てられても、それを補ってくれる人がいれば打撃は小さくなる。しかし彼の場合、父親は養育や配慮を授けてくれる人では全くなかった。しかも著名な彫刻家である父親は周囲から隔絶して生きる人であり、親戚づきあいや近所とのつきあいもないため、カフカ少年に心を配る人は皆無である。最近は体育館の指導員と通いのお手伝いさんと必要な会話を少しするだけであると語っている。そのような育ちのカフカ少年が、友人との間に親密な関係を作れないのは当然のことであり、彼は「自分のまわりに高い壁をめぐらせ、誰一人その中にいれず」「思い出せないくらい昔から一度も笑っていない」と述べている。親友どころか、友人関係も皆無である。

彼にとってまわりの世界は自分を受け入れてくれないよそよそしいものであり、自分に答えてくれる他者、安全な基地を提供してくれる他者をもたない彼は、愛着対象を求めず他者との情緒的関係を回避する「回避型」の内的作業モデルを形成し、誰にも頼らずに生きていると考えられる。

さらに彼の場合、父親は単に養育や配慮を授けてくれないだけでなく、彼を混乱させ恐怖に陥れるような予言――「お前はいつかその手で父親を殺し、母親と姉と交わることになる」――をし、それを息子に何度も繰り返したという。その結果カフカ少年は「それは装置として僕の中に埋め込まれている」と感じ、その予言を常に意識することになる。彫刻家である父親にとって、カフカ少年は自分が作り出した作品と同等の「自分の製造物」であり、「壊しても損なっても自由」と考えている。彼は自分を捨てた妻に復讐するために、息子に破滅的な予言を授けたらしい。父親にとって息子は愛やケアの対象ではなく、自分が作り自由に操作できる「もの」であり、「復讐の道具」として使おうとしているのである。

カフカ少年が受けてきた対処は虐待といっていいだろう。彼は必要な養育を与えられず心理的にネグレクトされているばかりか、彼の心を損なうような恐ろしい観念を植え付けられており、心理的虐待も受けていると考えられる。父親は殺害されるが、カフカ少年は四国の森にいて気を失っており、気がついた時は血を浴びている状態であった。彼には以前から時々暴力的行為があったが、その間のことを一切覚えていないと言っている。著者は主人公を、虐待による解離性人格障害があると設定していると考えられる（彼にアドバイスを与える謎の少年カラスとの対話は心の中の対話と思われるが、著者は別の人格をもつ少年との対話 ── 多重人格 ── と考えているのかもしれない）。

以上のようにカフカ少年は、それまでの発達過程で大きな負荷を背負って思春期を迎えているといえる。

4　カフカ少年が現在置かれている状況

カフカ少年は父親の予言から逃れるために、15歳の誕生日に家を出る。行き先はなぜか惹きつけられる四国であり、エディプス王のように予言から逃れようとして予言に従うような出会いをすることになる。

カフカ少年が家出を決行したのは15歳の誕生日であるが、すでに性的成熟もおこっており、発達的には思春期最中である。しかし彼は思春期的不安定さをほとんど示していない。性的欲求への対処はかなり冷静であり、二人の女性 ── 姉のようなさくらさんと母親と思われる佐伯さん ── と落ち着いて関係をもっており、不安をもったり自信のなさを示すことはない。親に対する気持ちに関しても、彼の場合はアンビバレントではなく、父親から決定的に離れたいという気持ちのみであり、その死に対しても何の感慨もない程に心は離れている。それまで依存し頼っていた対象から離れるという発達課題を彼は課されていないため、思春期の他の少年のような葛藤とは無縁である。そして自己認識もかなりしっかりしていて、自分が置かれている状況を正確に理解し、家出をしてそこで何とか生きていくという目標を目指して落ち着いて日々を過ごしている。時々暴力的行為があるという前記のこと以外は行動上の問題は見られないし、情緒的な不安定さも目立っていない（客観的な情報はないが、本人の語りの中には見られない）。

彼にとって思春期とは、不安定な危機的状況というより、心理的・社会的・身体的な力が増大し、児童期にはできなかったことが可能になる時期であり、何年も前からそのために体を鍛え、周到な準備をして待っていた自立・旅立ちの時期である。普通は自立や旅立ちにおいては高揚と不安のアンビバレントな気持ちがもたれるが、彼の場合は、十分な準備をしてきており、またそれまでのつらく大変だった状況、これからの危険な状況から逃れる唯一の手段であるため、不安感は少ないし迷いもない。

彼が思春期的不安定さから免れているもう一つの理由は、彼は一人で生きていく力やスキルをすでに身につけていることである。一人で生きていく生活能力、自己管理能力、そしてわからないことは人に聞き、困った時には他者に援助をあおぐスキル。彼は15歳とは思えない程の生活能力、判断力、コミュニケーション能力をもち、すでにかなりの面で「一人前」である。

とはいえ、知り合いも全くいない土地で、全てを一人でやって生きていくことは、大変なことである。カフカ少年は孤立無援、世界にたった一人で立っている。彼の中では「今までもそうだった。誰も助けてくれなかった。程度の差だ」という思いがあると思われる。しかし当座のお金はあるものの、住むところも経済的な保証もない（15歳の少年が見知らぬ土地で生活費を稼ぐのは容易なことではない）。彼の境遇は危機的なものである。

さらに彼は父親を殺した可能性がある。自分では全く記憶がないが、その時間にどこかで大量の血を浴びており、そのようなことをしたかもしれないという恐怖・不安を担い、そしてそのために警察の目から逃れた生活をしなければならないという負荷も負っている。

彼が置かれている状況は、思春期危機というような発達的危機というより、むしろ状況的危機であるといえる。生育の過程で重い負荷を負わされた少年が、自ら危機的状況に飛び込んでいったのである。

5　カフカ少年がもった他者との交流

他者と交流をもたずに生きてきたカフカ少年は、家出をし、それまで以上に孤立無援で世界に立ち向かうが、偶然出会った人と温かい関係をもち、さまざまに援助をしてもらうようになる。まずバスで一緒だったさくらさん、そして図書館の大島さん。さくらさんは性的な関係を伴っているが、姉のような存在であり、たった一人で世界に対している彼の不安感を鎮め、守ってくれている。多分カフカ少年がそれまでは得られなかったような安心感を与えてくれている。小さな私立図書館の職員である大島さんは、カフカ少年が生きていく上で必要な生活の場所を提供してくれる。彼の手はずで、カフカ少年はその私立図書館で仕事を手伝いながら寝泊まりすることを認められる。また警察の目からも庇うというような実際的な援助をしてくれ、保護者がしてくれるような保護を与えてくれている。大島さんは生物学的には女性である性同一性障害であるが、カフカ少年と共感しあえるような同質な面をもち、日常的に話し相手となり、心理的にも支えになっている。彼は保護者的側面と同輩的側面をもっているといえる。カフカ少年は大島さんから安定した温かいサポートを与えられ、危機的状況にもかかわらず安心感をもっている。

さらにカフカ少年は管理責任者である佐伯さんという中年女性と交流をもつことになる。佐伯さんはカフカ少年と同年齢の頃、愛する少年と図書館になる前のその場所で幸せな時間を過ごしていたが、東京の大学に進学したその恋人は、大学闘争の時、セクト間の抗争で無惨にも間違えて惨殺されてしまう。その後佐伯さんはその土地を離れ、消息をたつ。そして数十年後、母親の葬儀を機に戻ってきて、図書館の管理をしながら孤独に生活している。

彼女は大島さんと少し話す他は、一人部屋で何かを書いている。洗練された物腰の穏やかな中年女性であるが、図書館の管理以外では現実社会にかかわらず、自分の世界にこもって生きている人である。

父親の予言にとらわれているカフカ少年は、該当する年齢の女性を見るとすぐに自分の母親や姉ではないかと思ってしまうのだが、佐伯さんのことも自分の母親ではないかと思う。一方部屋に飾られている『海辺のカフカ』の絵に描かれた15歳の少女だった佐伯さんに恋をする。しかしカフカ少年は自分の恋の対象が、15歳の少女だった佐伯さんなのか、現在の佐伯さんなのかわからなくなってくる。夜15歳の少女がカフカ少年の部屋（その部屋はかつて佐伯さんが恋人と共に過ごし、夜毎性的関係をもった部屋である）に来るようになるが、ある夜現在の佐伯さんがやってきてカフカ少年のベッドに入ってくる。そして二人は性的な関係をもつ。彼は「僕は15歳の時のあなたに恋をしたんです。とても深く。それから彼女を通してあなたに恋をした。その少女は今もあなたの中にいます」と告白し、両者とも相手が「母親」「息子」であることを感じつつ性的な関係をもつ。

カフカ少年が佐伯さんに求めているものは、恋というより、かつて理不尽にも切られてしまった母親とのつながりのように思われる。彼自身はその思いを恋と言っているが、一方「僕の子ども時代からたくさんの大事なものが奪い取られてきました。僕は今の内にいくらかでもそれを取りかえさなくてはならない。人には戻ることのできる場所みたいなものが必要なんです」と言っている。彼は幼少時に突然奪われてしまった母親という愛着の対象、安全感を与えてくれる心の基地を、佐伯さんとの交流から得ようとしている。現在の佐伯さんから受け入れられることで、過去に被った心の傷、自分は誰からも（世界から）求められていないという傷を癒やそうとしていると考えられる。

一方、佐伯さんがカフカ少年との性的関係に求めているものは、15歳の海辺のカフカ、かつての恋人との性的関係の再現であるように思われる。過去の思い出の中で生きてきた佐伯さんは、カフカ少年の助けを借りて、現実の中で過去を生きようとしたと考えられる。

ともあれ、そのような交流を経て、カフカ少年は佐伯さんから「あなたは誰からも求められていないのではない、私があなたに私のことを覚えていてほしいと求めている」と言われる。「誰からも求められていない」という彼の基本的な自己観が揺さぶられ、自分が他者から必要とされており、助けてもらう価値がある存在であることを感じる。またカラスと呼ばれる少年が言っていること（「彼女の心を理解し、受け入れること。つまり彼女を許すこと。それが唯一の救いになる。それ以外に救いはない」）が心の中でおこる。彼が「お母さん、僕はあなたを許します」といった時「こころの中で凍っていた何かが音をたて」、彼は立ち直ることになるのである。〈注1〉

6　なぜカフカ少年は立ち直れたのか

2節で述べたように、カフカ少年の育ちは、彼が健全な発達をするにはあまりに劣悪なものであった。そして現在の状況は、家出をし世界にたった一人で立ち向かうという厳しいものであり、さらに父親が惨殺され、それを自分がやった可能性もあるという危機的状況に置かれている。そのような危機的状況に直面しながら、カフカ少年は何とか現在の状況を乗り越え、中学校に戻り生きていく気持ちになっている。

なぜ彼はこれだけの負荷を抱えながら、立ち直ることができたのだろうか？

第一の要因は、カフカ少年は情緒的にも実際的にも支えてくれる人を持てたことである。4節で述べたように、カフカ少年は偶然出会った3人から温かいサポートを与えられ、安定した対人関係をもち、危機的状況にもかかわらず安心感を得ている。彼女たちは、たった一人で世界に対している彼の不安感を鎮め、心理的に支え、カフカ少年がそれまでは得られなかったような安心感を与えてくれている。不安定な内的作業モデルをもつ者は、そのモデルを使って対人情報を処理するため、温かい対人関係をもちにくいが、ポジティブな相互作用が積み重なるという幸運が、彼の回避的な内的作業モデル、「自分は世界にただ一人で、助けてくれる人は誰もいない」という思いを修正する方向に作用したと思われる。対人的環境が大きく変わって、支持的で温かい関係や、それまでのモデルと根本的に異なった強い情緒的経験をもつことにより内的作業モデルが変わることもあることが指摘されているが[15]、そのようなことがおこったといえる。

また大島さんとの関係には、サリバンの同性同年齢者間の一対一の親友関係[12]（chumship）にあたるものがあるように思われる。大島さんはカフカ少年とは年齢が異なり、生物学的には同性ではないが、その関係は親友関係の経験をもたらすものであり、サリバンによれば親友関係の経験は「それ以前の人格的歪みを修整しうる」「人間が好ましい方向へと大幅に変わる機会」となるとされている。[12]（少し年長で生物学的には女性である大島さんをその対象にしているのは、それまで全くといっていいほど友人関係をもっていないカフカ少年が急に同性同年齢者と親友関係になるのはむずかしいことを考え合わせると、適切な設定といえる。）

第二の要因、そして直接的な契機となった要因は、佐伯さんとの交流である。著者は佐伯さんとの交流、特に彼女との最後のやりとりと、その時に生じた許しの気持ちが、カフカ少年の気持ちを変えたと考えているようである。つまり佐伯さんと性的関係を含めた交流をもち、最後に「あなたは誰からも求められていないのではない、私があなたに私のことを覚えていてほしいと求めている」と言われたことが、彼を支え、「もとの生活に戻る」気持ちにさせている。さらに彼女の心を理解・受容し、許しの気持ちが生じた時、彼の気持ちに変化がおこり、彼は立ち直ることになるのである。

カフカ少年は佐伯さんとの交流の中で、自分は幼児期に母親に捨てられ誰にも答えてもらえない価値のない存在だという思いが変化し、自他への信頼を回復させることができたと考えられる。また佐伯さんの心を理解し、受け入れたことが彼を立ち直らせる上で決定的なこととされているが、このことはカウンセリングによる心の変化や不幸な過去の経験による障害を克服する過程に、自分の過去を受け入れることや過去の語りが変わることが関係していることと対応している。「過去」は変えられないが、「過去をどうとらえるか」は現在の問題であり、それが変わることにより、人は変わるという報告は数多い（たとえば江口[17]、浅野[18]）。カフカ少年の場合は自分の過去ではなく、自分の過去を作った人の過去であるが、彼は佐伯さんの生涯がどのようなものであり、どのような思いで生きてきたのか、そしてなぜ自分を捨てざるをえなかったのかを理解することにより、「母親の過去」のとらえ方が変わり、「母親に捨てられた」という外傷体験を解決できたのだと考えられる。

第三に、カフカ少年は心理的な強さをもとうとし、実際にかなりの強さをもつ少年で、内省力もあるということがあげられる。彼は家出をするにあたって周到な準備をしている。そのために体を鍛え、つまらない学校の授業もしっかり聞き、注意深く綿密な計画をたてている。つまり彼は、長期的な目標をたて、それに向けて努力し自分を保っていける力、強い自我の力をもっていることが読み取れる。また彼は「誰も助けてくれない。今までも誰も助けてくれなかった」そのような状況を生きる中で、「だから自分の力でやっていくほかない。そのためには強くなることが必要。はぐれたカラスと同じ」と考え、「外からやってくる力を受けてそれに耐えるための強さ、そういうものごとに静かに耐えていくための強さ」をもとうとしてきたと佐伯さんに語っている。そしてそのような力をある程度もっていることを自覚し、自己効力感や自尊感情ももっている。対人的なことに関する自己概念はネガティブであるが、ものの世界に対してはかなりポジティブな自己概念をもっていると考えられる。

そのような能力や傾向は、ストレスに耐え危機を乗り越える直接的な力になるし、彼のもつ内省力や自分をコントロールする力は「自己や対象の心的状態について一貫性ある態度で考慮できる」メタ認知能力につながっているように思われる。メタ認知能力をもっている場合、過去の愛着をめぐる不幸な経験があっても、安定した内的作業モデルを構成することが可能になるとされているが、[13][14][15]そのような力を彼はもっているように読み取れる。

前記の実証的研究で長尾[8]は、6つの要因の中で自我の強さの程度の影響が最も大きく、自我が強い者が不適応に陥りにくいこと、特に中学生はライフイベントの有無にかかわらず自我の弱さが不適応につながりやすいこと（高校生はライフイベントの影響が不適応に関係する）を示しているが、カフカ少年はその意味では、立ち直る力を持つ者として設定されているといえる。

最後に、ナカタさん（カフカ少年の話と平行して展開されるもう一つの物語の中心人物）が、カフカ少年の知らないところで、本人もそれとは知らずに彼を助けている。彼はカフカ少年の代わりに父親殺しをしてくれており、カフカ少年は現実的な責任を担わずに予言から逃れ、彼を損なう父親から離れることができたのである。さらにナカタさんを乗せてあげたトラック運転手の星野さんは、ナカタさんの遺志と感じて白いわけのわからないものを殺してくれた。これはジョニー・ウォーカー（父親）がもつ邪悪なもの、カフカ少年も父親から受け継いでいる可能性があり、母親が恐れたと彼が感じているものではないかと思われる。それがもう一つの世界に入って何らかの力をもつことを防ぐために、星野さんはそれが入り口から入って、入り口の石が閉じてしまう前に必死で殺したのである。邪悪なものは父親と共に消滅し、カフカ少年は父親から受け継いだ邪悪なものの呪いから解放されたのだと考えられる。

4つの要因のうち、4つ目以外はカフカ少年のもつ力や資質が関与している。たまたま出会った人からサポートを引き出し、温かい関係を作る能力、佐伯さんと心を通わせ深い交流をもつ能力、柔軟性のある強い自我…。そのような力をカフカ少年はどこで身につけたのだろうか。

カフカ少年は今までよい対人関係をもってこなかったわりに、コミュニケーション能力はしっかりしていて、援助的な対人関係をもつことが上手である。彼の内的作業モデルは不安定なはずであり、その枠組みに基づいて対人的情報を処理し、自分の行動をプランニングするのだから、よい対人関係を作るのはむずかしいと考えられるが、彼はスムースに関係性を作っている。ただし援助的な人はいつも女性（大島さんも生物学的には女性）であることを考えると、母親との関係がよかったことが予想される。彼には何の記憶もないが、4歳までの母子関係はよかったと考えられる。3歳時の写真は「どうしてそんなに楽しそうな顔ができるのだろう」と思うほど楽しそうとある。恋人を突然奪われたように、また奪われることを恐れて自分の方から捨てたと佐伯さんは言っているが、カフカ少年は4歳までは佐伯さんに愛され、乳幼児期の発達課題はある程度クリアしていたのではないか。それが彼に力を与えていると考えられる（またカフカ少年の語る過去は、彼が現在とらえている過去、再構成された過去であり、実際の過去はここまで劣悪ではなかったとも考えられる）。

以上、カフカ少年がなぜ立ち直れたのかを分析してきた。健全な発達をするにはあまりに劣悪な育ちをしてきたカフカ少年が、厳しい負荷を課されながら、危機的状況を乗り越えることを可能にした要因として、（1）情緒的および実際的に支えてくれる人を得て、支持的で温かい関係をもつことができたこと、（2）かつて自分を捨てて去っていった母親との交流によって、自分が彼女から必要とされている価値ある存在であると感じ、また「母親の過去」の事情を理解し許す気持ちになったこと、（3）自己を内省する力や自分をコントロールする力 ── 自我の強さ ── をもっていること、が抽出された。それらは発達心理学が明らかにしてきたことと、ほぼ対応するものであった。〈注2〉

人間の発達過程を明らかにし、そこに関与している要因、また発達的・状況的な危機や問題を乗り越えることを可能にする要因について検討することは、発達心理学や教育心理学に課せられた大きな課題である。フィクションではあるが、カフカ少年の事例は発達心理学が明らかにしてきた要因と重なる部分が多く、作家の洞察と発達心理学の知見がかなり一致することが示されたといえる。

注

1　ただし佐伯さんとの交流による立ち直りに関しては、性的な交流ではなく、母親であることを明かして過去を語ることが重要であるように思われる。結局佐伯さんは過去について何も語らないまま、カフカ少年は彼女を理解し許すことになっているが、語った後で許しがおこるとした方が妥当と考える。

2　なお、上記の分析では触れなかったが、発達心理学の観点から違和感を感ずることをあげれば、カフカ少年はエディプス王と同じ運命に翻弄されているが、登場人物に罪悪感が全くないことと、登場する大人たちの未熟さである。著名な彫刻家である父親、図書館の管理責任者の佐伯さん、どちらも精神を病んでいるからといえばそれまでだが、自分のことしか考えられない人物であり、他者へのケア、自分が生み出したものに責任をもって配慮していくという成人期の発達課題の達成からはほど遠い。村上春樹は青年期の発達課題との格闘を描いてきた作家であるが、自らが長い青年期を終え、現実にコミットし、自分ではなく他者に配慮する成人期を描くようになってきている（たとえば『アンダーグラウンド』[19]、『神の子どもたちはみな踊る』[20]等)。しかし本作品では年齢や置かれている状況は成人期であっても、心理的にはまだ青年期にとどまっていて、他者へのケアでなく、自分が自分であるためにどうするかの観点しかない大人が目立つ。またカフカ少年がもつ自我の強さやスキルは思春期の少年には不釣り合いである。どの登場人物も「青年期」を生きている小説のように思われる。

2 二人の少年はなぜ立ち直ったのか
――山田洋次『学校Ⅱ』

1 はじめに

山田洋次監督の映画『学校』[1]は、夜間中学の教師と生徒の交流を描き、日本アカデミー賞を受賞した感動作である。教育を描く映画として話題になり、山田洋次監督と映画評論家の佐藤忠男との対談がまとめられたり、[2]教育学者にも取り上げられたりした。[3][4]本章で取り上げるのは、「学校シリーズ」の二作目『学校Ⅱ』[5]で、『学校』ほど話題にはならなかったが、高等養護学校でおこった二人の少年の思いがけない変化が描かれ、教育とは何かを考えさせる優れた作品である。

高等養護学校に入学した重度の情緒障害児のユウヤと緘黙症のタカシが、あることをきっかけに共に変わっていく。3人の教師の熱心な働きかけによっても変わらなかったタカシとユウヤが変わっていく様子を描く中で、障害児教育にとどまらず、人を変えるものは何か、子どもが変わることを支援する教育とは何かが印象的に示されている。

本章では、何が彼らを変えたのか、そこに教師の働きかけ・教育はどう関与していたのかの分析を行なう。ここで分析する出来事・エピソードは、実際にあったことではなく、山田洋次監督他による創作であるが、立ち直りの過程は教育心理学の観点から見て必然性が感じられる。本章ではそれらのエピソードを優れた事例として取り上げ、なぜタカシとユウヤは立ち直ったのかその要因を分析し、それに基づいて大人はいかに子どもにかかわったらいいのかについて論じる。

2　二人が変わった劇的な事件

高等養護学校に入学したタカシとユウヤが、どのような状態にあり、どのようなことをきっかけにどう変わっていったのかを簡単に紹介する。

二人が所属した1年F組はそれぞれ異なった障害をもつ9人の生徒から成るクラスで、養護学校での経験が豊かなベテランの竜先生と玲子先生、それに大学を卒業したばかりの新米の小林先生の3人がティームを組んで担当している。

重度の障害児のユウヤは入学式の日から騒動を起こす。小林先生がユウヤを担当することになるが、ユウヤは自分をコントロールすることができず、教室を飛び出し、さまざまな騒動を引き起こす。小林先生を中心に3人の先生がそれぞれのやり方でかかわる。竜先生と玲子先生は子どもの気持ちを理解し、子どもの気持ちに寄り添った対応をしようとする一方、小林先生は力ずくでユウヤの問題行動を押さえ込み、強制的に学習を強いる。彼は普通高校に就職できず仕方なく養護学校にやってきた教師なのだが、ユウヤを少しでも勉強するようにさせたいと彼なりに奮闘する。しかしユウヤは騒動を引き起こし続け、教師たちは困り果て、やはりユウヤの母親が危惧したように彼には学校は無理なのかと思い始める。もう一人の主人公のタカシは、中学の時に受けたいじめと差別が原因で緘黙症になり、一切口をきかない。好きなトラックの写真をじっと見ているだけで、引きこもっている。学習はきちんとするが、一言もしゃべらないままであった。

ある日、ダウン症のもとこちゃんがはじめて書いた作文を玲子先生が読み上げ、皆が感動し喜んでいると、ユウヤがその作文を取って破こうとする。クラス全体が騒然となった時、それまで一言もしゃべらなかったタカシが、突然、ユウヤに向かって「やめろ」「しずかに勉強しろ」「わかったら『はい』と言いなさい」と叫ぶ。皆が唖然としている中、暴れていたユウヤが「はい」と言って手をあげ、イスに戻って勉強を始める。

その後ユウヤはタカシを「お兄ちゃん」といって慕うようになり、タカシが「やめろ」「勉強しろ」というと素直に従うようになる。教室でも騒動を起こすことなく、いつもタカシのとなりで、彼なりに学習をするようになる。タカシはユウヤを変えたこと、彼が自分を慕い自分の言うことだけは聞くことから自信をもち、変わっていく。

3 タカシが口をきいた理由

中学の時に受けたいじめと差別が原因で緘黙症になり、一言もしゃべらなくなってしまったタカシ、苛立つ母親に「わかったら『はい』と言いなさい」と怒鳴られても黙りこくり、ユウヤにさまざまないたずらをされても黙って耐えていたタカシが、突然大声でユウヤを諫めたのはなぜだろうか。

それが可能になった背景には、第一にそれまでの竜先生の対応があり、タカシは心を開く準備が進んでいたということがあげられる。入学以来竜先生はそれとなくタカシに声をかけ、配慮してくれていたし、家庭訪問で自宅に行った時、共に魚つりをして心がつながるような時を共有していた。タカシが釣った魚を「よう、タカシ、すごい、やった!」と共に喜んでくれた竜先生、いつも鬱屈とした表情のタカシが心から笑っていた場面は、タカシの回復を予感させる。夕方まで一緒に魚つりをし、おみやげにもらって帰ったというエピソードが語られるが、喜びの共有が心のつながりをもたらしたと考えられる。

第二に、海辺で竜先生はタカシに、ユウヤのことで困っていることを打ち明け、どうしたらいいだろうかとタカシに意見を求めていた。「教えてくれよ、タカシ。お前の声をきかせてくれよ」口もきけない自分に、先生は一人前の大人であるかのように、対等な立場で相談してくれている・・・。先生に相談されて、タカシは自分にできることをしたい、期待に応えたいという気持ちになったと思われる。

そして、心の準備が整ったタカシの背中を押す状況が訪れる。タカシが言葉を出して本当に自分の気持ちを伝えたいと思う出来事がおこる。それまでもいろいろユウヤにいやな目にあわされ、「やめろ！」と言いたかったのだろうが、中学校でのいじめと同様黙って耐えてきたタカシが、今度こそ黙っていられないという気持ちになった。なぜなら今回ユウヤがやったことは本当にひどいことだったのだから。もとこちゃんが泣き、先生たちも怒り、あの竜先生も怒っている。「やめろ！」とどうしても言いたい、言わなきゃならないと思うような状況だった。

以上の3つの要因がそろったことで、タカシは声を出したのだと考えられる。

4　ユウヤがタカシの言葉に従った理由

次になぜユウヤはタカシの言葉に従ったのかについて考察する。3人の先生が熱心にかかわっても、ユウヤは学校生活をスムースに送ることが不可能だったのに、なぜタカシの言葉に従い勉強をし始めたのだろうか。

第一に考えられるのは、それが教師からの働きかけでなく、仲間からの言葉だったということである。ユウヤは母親と離れることが寂しくて暴れているが、一方で「学校へ行きたい」「仲間とかかわりたい」という気持ちを強くもっていた。その仲間に言われたということが彼にとって大きな意味をもったと思われる。

しかもその仲間は、今まで一言も話さない人であり、そのはじめての言葉であった。「タカシの声、初めてきいた…」皆あっけにとられていたが、ユウヤもはじめての言葉が自分に向けられたことにびっくりし、その迫力に思わず従ってしまったのだと思われる。またユウヤはタカシに対してパンフレットを破いたり、おが屑を頭からかけたり、いろいろチョッカイを出していたが、もともとタカシに関心をもち、何か共感できる気持ちをもっていたのかもしれない。同室でいつもそばにいたし、「話せない」タカシは「障害をもつ」という意味で、自分と同類の人と思っていたのかもしれない。あるいは何も抗議しないことが気にいっていたのかもしれない。その人の初めての言葉が自分に向けられていることに、彼の心が動いたのであろう。

しかしユウヤが従ったのはそれだけではなく、それまでに従う準備が整っていたためでもある。竜先生と玲子先生は、ユウヤがなぜ荒れるのか、その気持ちを理解し受け止めようとしていた。そしてユウヤのつらい気持ちや興奮を鎮めてくれた。暴れて興奮しおもらしをしてしまったユウヤを玲子先生が優しく抱き留めて「お母さんに会いたいのね。かわいそうにね」という場面がある。そう言われてそれまで暴れていたユウヤは静かになる。気持ちをわかってもらったことが彼の荒れた気持ちを鎮めているのである、そして「ユウヤ、うんこもらしたの？」とからかう仲間に対し、玲子先生は「そうよ、大きなうんこしたのよ」と明るく受け止め、「～ちゃんもうんこした？」と聞いている。その子は便秘をしているにもかかわらず、玲子先生の問いかけにつられて「うん、大きなうんこしたよ」と答えている。からかわれいじめられるような恥ずかしいことをしたのに、咎めず何でもないことのように明るく対応してくれる玲子先生のお陰で、ユウヤは自尊心を傷つけられることもなく、すっかり落ち着きを取り戻している。

竜先生も、印刷室で紙を破り続けるユウヤに、それを力ずくで阻止する小林先生とは全く異なった対応をしている。竜先生は紙をたくさん持ってユウヤと共に座り込み、「そうか、ユウヤ、面白いか」と言って、一緒に紙を破ってばらまき、共に楽しむ。あきれる小林先生に、興味をもったことをやらせることにより、ユウヤが集中していること、そこから学習につなげることが可能だと説く。ユウヤは竜先生に紙破りの楽しさを共感してもらい、十分その活動を行なえたことで落ち着く。このようにユウヤは自分の気持ちを受け止めてもらうことで、気持ちを落ち着かせてもらうという経験を重ねている。

そして強制的に学習を強いる小林先生も、ユウヤが従うことに一役かっている。力ずくで問題行動を押さえ込む彼のやり方は効果的ではなく、ユウヤは反発し逆効果になっているようだが、しかし小林先生のかかわりも一定の意味をもっていると思われる。ユウヤはまだ小林先生の言うとおりにはできないし逆らっていたが、「座って勉強しなければいけない」ということはある程度わかるようになっていた。それは彼が一貫して学習をさせようとし、ユウヤが嫌がっても諦めずに熱心に教えてきたことの効果である。ユウヤはまだ自分を充分統制できないが、それでも3分間は座っていられるようになっているのである。力ずくではあるが、小林先生がやらせてきたことが、結果的にユウヤに自分を統制する力を与えている。そのような力が全くついていなければ、タカシに「勉強しなさい」と言われてもできるはずはないのである。

子ども同士のかかわりの結果、すばらしいことがおこったのだが、それを可能にする準備を先生たちがしていたのである。

5　その後のタカシとユウヤ

もとこちゃんの作文をめぐってタカシが口をきいた事件以来、二人は変わっていく。ユウヤはタカシを「お兄ちゃん」と言って慕い、タカシの言うことには素直に従うようになる。母親が大好きで友達も欲しかったユウヤにとって、タカシはそれを同時に満たすような存在になる、タカシは自分を守ってくれ世話もしてくれる少し年長の存在であり、自分よりもいろいろなことができるが同類でもあり「自分もああなりたい」と思う身近なモデルなのであろう。ユウヤはタカシのとなりで、タカシと同じように、彼なりの学習をするようになる。

そしてタカシは、ユウヤが自分を慕い自分の言うことだけは聞くことから自信をもち、変わっていく。それまで自分の殻に閉じこもり、誰ともかかわらずに生きてきたタカシは、自分がユウヤから必要とされていること、自分だけがユウヤの行動や気持ちを変えることができることを知って自信を回復し、そしてユウヤと心を通わせるようになっていく。一人の人との信頼関係を築くことは、エリクソンが母親に受け入れられることで乳児が基本的信頼を獲得していくとしたように[6]、他者・世界・自分への信頼をもたらすのである。他者・世界に対して恐怖・不安をもってしまったタカシが、他者・世界に心を開いていくのはそう簡単なことではないが、彼は徐々に回復していき、高校生の作文コンクールで入賞するまでになる。

　そして校長はユウヤの母親に「タカシをそのように変えたのはユウヤである、ユウヤには人を変える力がある」と言う。騒動を起こすばかりの情緒障害児のユウヤが、誰も変えられなかったタカシを変えた、何もなしえないと思われている子がこんな力をもっている。弱い子が弱さゆえに人の役に立つことがある。「学校というところはこういうことがおこるのですよ」と校長は感慨深げに言っていたが、いろいろな子がいて、いろいろな相互作用をもつことで、思いがけないことがおこるのである。

6　何が人を変えるのか

　以上をまとめると次のように言えよう。

二人の少年が変わったのは、第一に温かい支持的な関係を得たためである。全寮制で少人数のむずかしい子どもたちの教育にあたるこの学校では、どの教師も温かく支持的なかかわり方をしていた。いじめと差別の中で緘黙症になったタカシに対するそれまでのまわりの対処は厳しいものであっただろうし、忙しくて心の余裕のない母親の対応も否定的なものであり、タカシは温かく支持的な関係を長いこともたなかったと思われる。内的作業モデル――ボウルビィ[7]によって提唱された対人的情報を処理する枠組み――はもともと変わりにくく、否定的なモデルをもつ者はどんな対人的情報でも否定的に処理する可能性が高いが、対人的環境が大きく変わって支持的で温かい関係をもったり、初期のモデルの内容と根本的に異なった情緒的体験をもつことにより、変化する場合もあると考えられている。[8][9][10]タカシの場合も、まわりが一貫して温かく、自分の気持ちや思いを理解・受容しようとしてくれると感じられたことが、閉ざされていた心を開くことにつながったと思われる。

タカシを変えた第二の要因は、彼がそれまで持てなかった自分の有効性への自信をもったことである。自分にも何かができる、人から必要とされていると思えることはその人に自己効力感を与える。[11]竜先生から相談され、そして自分がやったことが思いがけない効果をもたらしたことにより、タカシは自分は外界に対して効力をもち、何かをなしうる、自分は有効性をもつ有能な存在なのだと思うことができた。またユウヤが慕ってくれること、そのユウヤの世話をすることで、自分がユウヤに必要とされていると感じることができた。相手にとって自分がなくてはならない存在であることを実感し、それまでには経験されなかった自己の有効性を経験した時、彼の内的世界は変わったのであろう。そのような報告は数多いが、たとえば神谷美恵子は自己の有効性を失ってしまったと感じた時、精神科医としてらい病患者に援助的にかかわることによって生きがいを見出し、自己の有効性を回復させている[12][13]。

タカシの回復には、他者の世話をすること —— 他者のために能動的にかかわり他者に対して責任を担うこと —— が大きな意味をもっている。ケアの問題はエリクソンの自我発達段階論では成人期の発達課題である生殖性課題と関連しており[6]、大人は次世代の世話をし育む中で自らの自我を発達させるとされている。そして歪んだ自我発達が生殖性課題の達成により修正されることも示されている（たとえば金子[14]の事例研究では、不幸な幼児期を過ごし、児童期に性的虐待を受けた男性が、自分の子どもに虐待を加える衝動にかられながら、それを押さえて世話をする中で、息子が彼を慕ってくれたことから、自他を信じ他者に肯定的にかかわっていけるようになっていった過程が示されている）。

ケアの問題は基本的には成人期の問題であり、子どもはケアされる側と考えられているが、ケアすることの効果は成人期に限らないと思われる。たとえば春日はペットをもつことによって不登校から立ち直った少女の事例を報告している[15]。人との間ではもちえなかった相互交流をもてて肯定的なフィードバックを得たこと、ペットに自分の姿を見てそれを慈しむことで自分が救われたことが、回復に関与していると考えられる。

大人に囲まれた生活、ケアを受けるばかりの生活ではなく、自分のケアを必要としている者がいるような場で、ケアを与える立場になる経験の重要性が示唆されている。地域共同体が崩壊し、いろいろな人と交流する機会が減っている今、いろいろな友人と出会い、時に自分の存在を必要とされるような交流を提供する場として、学校は意義をもつと考えられる。そして前節でも述べたように、さまざまな人との多様な交流の中では、弱さをもつことが力をもつこともおこりうるのである。

ユウヤとの交流はケアということだけではなく、親密な友人関係をもったということでもある。サリバンは「前青年期の親友関係の経験」を重視し、その経験が「それ以前の人格的歪みを修正しうる」としている[16]。親密な同性同年齢者間の一対一の関係が成立することで、「人間が好ましい方向へと大幅に変わる機会が単独で出現する」「あらゆる歪みについて共人間的に有効妥当性を確かめる機会を与えてくれる」と言っているが、タカシにとって、ユウヤとの関係にはそのような側面もあったと考えられる。

ユウヤに関しても上述と同様のことがいえる。

ユウヤの母親は彼を理解し温かく支持的に接していたようだが、彼はそれだけでは満足できなくなっている。そして母親以外との関係は、トラブルを起こし押さえ込みや否定的な対処をされて、さらにトラブルが大きくなるという悪循環になっていたと考えられる（障害をもつ場合は、そのような悪循環は特におこりやすいと考えられる）[17]。押さえ込みに対してユウヤは反発し、小林先生の対応で騒動はさらに大きくなっているが、4節で書いたように玲子先生や竜先生の温かく支持的な対応、自分の気持ちを受け止めてもらい、気持ちを落ち着かせてもらうという経験を重ねていく中で、自分で自分を統制することが徐々に可能になっていったと考えられる。われわれが自分の情動を調整できるようになるのは、他者によって不快な情動をなだめ、コントロールしてもらう経験によっていること、他者による情動の統制が内面化されて自己統制になることが研究でも示されているが[18][19]、ユウヤもそのような対応によって落ち着いていったと考えられる。

ユウヤもタカシの言うことに従って行動する中で、今までできなかったことをしている自分を見つけ、「自分にもできる」という自信・自己効力感を身につけていったし、慕っている「お兄ちゃん」のように振る舞いたいという気持ちをもったこと、そしてタカシと仲よくなり、タカシも自分を必要としてくれていることの喜びを経験し、一緒に行動している誇らしさをもてたことが、さらに彼を変えていった。

以上のことは、1章で取り上げた要因とも共通しており、（1）支持的で温かい関係、（2）自分が必要とされているという自信や自己効力感は、危機・不適応の克服の主要な要因といえよう。ただしユウヤの場合は、温かく支持的な対応だけでなく、4節で述べたように小林先生が一貫して学習をさせようとし、嫌がるユウヤを強制的に座らせ熱心に教えてきたことも、一定の効果をもっている。「できる」ことを徐々に増やしていくことでやがては大きなことが可能になるが、ユウヤの場合、強制的にやらされない限り「できた」という経験はむずかしかったと思われる。もちろん竜先生の言うように、興味あることをやらせて集中させ、そこから学習を進めて行く方法が理想的であろうが、子どもの能動性・自発性に基づく教育だけでなく、時には大人が主導的にやらせて基本的な力をもたせ、自発的にやろうとした時にできるように準備を整えておくことも必要であろう。力ずくではあるが小林先生がやらせてきたことが、ユウヤの自分を統制する力の基盤となり、タカシと共に自ら立ち直っていくことを可能にしたと考えられる。

3 老人と少年の交流
——小川洋子『博士の愛した数式』と湯本香樹実『夏の庭』

1 はじめに

近年発達心理学は生涯発達心理学と言われるようになり、高齢者の発達も検討されるようになってきている。老年期は諸機能が衰退し、さまざまな面でそれまで持っていたものを喪失していく時期であるが、そのような新しい状況に直面してそれに対処するということは、一つの「発達」であり、新しい状況やライフイベントにどのように対処し自分を適応させていくかが検討されている。そこには、老年期は喪失というネガティブな面だけでなく、ネガティブな現象に対処して適応を保つというポジティブな側面も内在しているという視点がある。エリクソン[1]によれば、老年期の発達課題は「統合対絶望」であり、その発達課題をクリアした時に「知恵」という徳が獲得される。ネガティブな面も含めて自分の人生全体を受け入れ統合するという発達課題をクリアした高齢者は、彼らしかもてない新たな徳を獲得するのである。

また老年期が喪失の時期であっても残っているものを活用することは可能だし、高齢者全体が衰退・喪失の状況にあるのではなく、ポジティブに生きている人もいることも指摘されている。高齢者の肯定的側面への検討に先鞭をつけたのはマッカーサー研究であり[2]、心身の機能を高く保っている千人あまりの高齢者について8年の間検討がなされた。その後「サクセスフルエイジング」という用語がしばしば使われるようになり、心理学領域でもそのテーマでレヴューが行なわれたりしている[3]。

高齢者のQOL（クオリティオブライフ：生活の質）やサクセスフルエイジング、適応に関与する要因は何かについての研究によれば、配偶者の死は非常にストレスフルであり、高齢者に限らず最大のストレス要因であること[4]、家族や家族外の者との交流やサポートがプラスに関与していることが示されている[5][6][7][8]。また孫の世話をしている高齢者も多いが（ある調査では1歳6ヵ月児の保育の26・1%は祖母が行なっている[9]）、小さな子どもの世話をしている高齢者の方がそうでない人よりも生きがいを感じていることも示されている[10]。

田畑たち[11]は中・高・大学生を対象にキブニックたちの研究[12]を参考に孫・祖父母関係評価尺度を作成し、祖父母から見た孫の機能として、（1）時間的展望促進機能、（2）道具的・情緒的援助機能、（3）存在受容機能、（4）世代継承性促進機能、（5）日常的・情緒的援助機能の5つの因子を抽出している。一方、祖父母も日常的、あるいは非日常的な養育者の一人として孫の適応や発達に関与しており、愛着対象になる場合もあるし、[13]乳幼児の愛着が不安定なものから安定なものになる場合、祖母の力が大きいことが示されている。[14]孫から見た祖父母の機能として、前述の田畑たち[15]は、（1）存在受容機能、（2）日常的・情緒的援助機能、（3）時間的展望促進機能、（4）世代継承性促進機能の4つの因子を抽出し、また前原たち[15]は高校生を対象に孫から見た祖父母の機能に関する質問紙調査で、（1）語り部・伝統文化伝承機能、（2）安全基地機能、（3）人生観・死生観促進機能の3つの因子を抽出している。両親の代わりの側面と、両親とは異なった形で発達を支えている側面があるといえる。

以上のように高齢者と孫の交流がもつ意味についての研究がなされつつあるが、それぞれがもつ発達課題と関連させて分析や考察を行なうという観点は見られない。エリクソンは児童期の発達課題を「生産性 対 劣等感」とし、「劣等感にめげず客観的な成果を目指して一生懸命励むという課題」を担って、「社会に通用する知識・技術の獲得に励む」時期としているが、その観点から見ると老年期は反対に、生産性を発揮して社会で生きてきた者がそのあり方から降りて非生産的であることに適応する課題を担っている時期と考えられる。本章では、生産性課題に関してこのように逆方向の発達課題を担っている児童期と老年期にある者が交流をもつことによりもたらされる双方へのプラスの影響について、発達心理学の観点から考察を行なう。

ここで取り上げるのは、「祖父母と孫」ではなく、たまたま知り合った「老人〈注1〉と少年」の交流であり、交流をもつ中でお互いに惹かれあい、双方が幸せな時をもったという意味で共通する2つの小説である。そこに登場する老人は、どちらも「サクセスフル」ではなく、孫どころか妻や子どももいない孤独な老人であり、一般的な高齢者よりもさらに無力な状況に置かれている社会的弱者である。そして偶然交流をもつようになった孫ではない少年たちも、親との関係において問題を抱えていたり、寂しさをもつ少年たちである。彼らは交流を通して独特な形で支えあい、幸福な時間をもち、老人の死後もその交流が長いことと少年の心を支えるようになる。なぜそのようなことが可能になったのか、老人と少年、彼らをめぐる状況の何がそれを可能にしたのかについて、発達心理学の観点から分析を行なう。

2 『博士の愛した数式』における「博士」と「ルート」の交流

『博士の愛した数式[16]』の主人公の「博士」は80分しか記憶が続かない64歳の元数学者である。「老人」というにはいくらか若いとはいえ、交通事故による脳障害によって大学での職を失い、社会生活も不可能になり、他者（経済的には義姉、日常的には家政婦）に依存して生きざるをえない状態に置かれた、年齢以上に老けた老人である。彼の記憶は80分間だけ、あるいは事故のあった1975年以前のことのみであり、通いの家政婦も、翌日来る時には新しい見知らぬ家政婦としか思えない。記憶の障害のため他者と経験を共有することができず、コミュニケーションがうまくいかない。彼は数字をめぐる話を繰り返すだけであり、孤独に生きている。

新しく雇われた家政婦は、とまどいながらも博士の数字をめぐる話に心惹かれるようになる。何度も繰り返される話につきあっているうちに、博士が大切にしている数学の美しさを感じるようになり、共感をもって彼の話を聞き、純粋な博士を尊敬するようになる。彼女の対応から博士も少し心を開くようになる。家政婦に10歳の息子がいて一人で母親の帰りを待っていることを知った博士は、放課後一緒に過ごすことを提案する。

博士は母親が感動するくらいの温かさで息子を迎え、「君はどんな数でも入れてあげる寛大なルートだよ」と言って「ルート」と名付ける。博士はルートをとても大切にし、勉強を教えたり、交流を楽しむようになる。ルートも博士が自分を大切にしてくれることを感じ、慕うようになり、博士が記憶に問題があることで悲しむことがないように気を遣ったりする。二人が共にファンであるタイガースの試合を一緒に見にいったり、ルートの誕生日と博士の数学雑誌での懸賞獲得を祝って、グローブと博士の大好きな江夏選手の野球カードを贈りあったり、心温まる時を過ごす。

記憶時間がさらに短縮するようになると、博士は施設に移るが、その後もルートと母親はお見舞いに行き続け、やがてルートは数学教師になり、博士に教わった数式の魅力を生徒に伝える。

3　博士とルートの気持ちをつないだ要因

博士がルートに惹かれた理由としては、以下のことが考えられる。

「記憶に著しい問題がある人」「変なことを繰り返し言っている変人」「無能な人」としか見なされなくなってしまった博士に対して、家政婦は数字の話等に関心をもち、博士を尊重・尊敬したが、ルートも母親の気持ちや態度をそのまま持ち、自分を尊重・尊敬してくれた。そして博士の心遣いを素直に嬉しそうに受け入れるし、算数の宿題も教えてあげられる。それまでできていたことができなくなり、無力・無能な人として鬱屈とした日々を送っていた博士にとって、それは久しぶりに自己効力感を感じさせる楽しい時間だっただろう（数学者としての生産性とはほど遠いけれども）。博士はルートに限らず、世話や養護を必要としている子どもを見ると思わず世話をしてしまう人のようであり、それを喜んで受け入れてくれるルートから大きな喜びを得ている（一方でそれがうまくいかず、ルートが怪我をしてしまった時には、大きなショックを受けている）。また野球という共通の関心事があり、双方がタイガース・ファンであったことも、不十分ながら経験の共有を可能にし、交流がスムースにいった一要因である。博士がもっていた狭い関心事 ── 深い愛情の対象である数字と江夏投手の話題に、ルートが関心を示したこと、博士の愛情や心遣いを肯定的に受け止めてくれたこと、そのことが博士がもっていたと考えられる「自己効力感の喪失・無力感、社会的存在としてほぼゼロ」という自己認識を、一時的にしろ変えたのである。

彼は幼少期からずっと寂しい生活をしてきた少年である。父親は妊娠中に母親を捨て、母親以外に心をかけてくれる人は誰もいなかった。母親は優しく愛情豊かであるが、生活に追われている。母親がその優しさに感動するような優しさを博士から受けて、ルートは自分のことをとても大切に考えてくれる博士が好きになる。博士の書斎も珍しいし、博士は算数もわかりやすく教えてくれる。ルートの言ったことを常に肯定的に受け止め、必ず褒めながら教えてくれる。生産性課題を目指している

ルートが博士を慕った理由としては、以下のことが考えられる。

して比較・競争させられる学校で、さまざまな傷を負っていると思われる（たとえば父親がいない／貧しい／一人で遅くまで寂しく過ごしている／身長も一番小さい等の弱さをもっている）が、弱さをもつ優しい老人との交流に安心感をもちつつ、生産性課題に取り組んでいる。また博士が野球が好きなことも、親しみをもつことに役立っている。

ルートが傷つかないようなうまい対応をしている。環境的に恵まれていないルートは、生産性を目指

ルートはわかる喜びと、自分に合わせてゆっくりとわからせてくれる博士への好意と尊敬をもち、博士が語る数学の世界への漠然とした憧れを抱く。父親のいないルートは、記憶に問題があり社会的弱者になってしまってはいるが、すばらしいことを知っている尊敬できるモデルにはじめて出会ったのである。

「博士」と「ルート」の出会いは、優しさを必要としている者と人に優しくしてあげたい者の幸福な出会いであり、また博士にわずかに残された能力が、生産性課題を目指しているルートのサポートに役立つという幸運も働いている。

4 『夏の庭』における老人と3人の少年の交流

『夏の庭』[17]の3人の小学6年生 ― 木山・河辺・山下 ― は、死ぬことがどういうことなのか知りたい、死ぬところを見ようということから、一人暮らしのもうすぐ死にそうな老人（おじいさん）を見張ることにする。老人はコタツに入ってテレビを見るだけの無気力な生活をしており、ゴミがたまって異臭がするし、外出も3日に一度くらいコンビニに買い物に行くだけである。

そのうち老人は3人に見張られ、つけられていることに気づくようになる。家が魚屋の山下は刺身を食べさせようともってきて置いておいたりする。その後老人はよく食べるようになり元気になってきて、自分で刺身を買ったりてんぷらをあげたりするようになる。見張りをしていたはずの少年たちは、クラスメートの手前、手伝っているふりをしているうちに、本当に手伝うようになる。ゴミ捨て・洗濯物干し・草取り・家の修繕、老人に言われるまま、雑用をこなし、「うまいじゃないか」と時に褒められたり、やり方を教わったりするうちに、手伝いが楽しくさえなってくる。

老人とさまざまな話をするようになり、老人は誰にも話したことのない、戦争の時のつらかったこと、その後の人生を変えさせてしまった重い過去のことを語る。老人の家は何かというと3人が集まる場となっていく。ある夜、老人は自分が作った花火を夜空にあげる。それを見て河辺は「僕も花火職人になる」と言う。

3人が合宿に行って帰ってくると老人は死んでいた。部屋の机には、皆で食べようと用意していた4房の洗ったぶどうが置いてあった。3人は泣きながらも、老人が満足して死んでいったこと、立派に生きたことを感じる。「僕もがんばるよ」と、彼らは庭のコスモスを持って帰って飾り、勉強に励む。

5　老人と3人の少年の気持ちをつないだ要因

戦争時のつらい体験から、老人は妻のもとに帰らず、さまざまな職種の職人として、孤独に生きてきており、現在は身体も弱まり、何をすることもなく無気力に生きている。誰とも話さず、誰からも顧みられない生活。ところが、3人の少年がいつも自分を見張っていることに気づくと共に、老人の生活は徐々に変わっていく。

社会から全く離脱して、一人死ぬのを待つだけのような無気力で自堕落な生活をしていた老人が、その生活を変えるきっかけになったのは、老人を見張る少年たちの目であった。否定的な目であっても、見られている、関心をもたれているということが、老人の生きる気力を引き起こしている。そして老人は少年たちにゴミを捨てるように指図したり、やり方を教えたりするうちに、自分が環境に働きかける力をもっていること、少年たちとのやりとりに楽しさがあることを感じるようになる。そのような雑用に関しては老人はよりよいやり方を知っていて、少年たちに教えることもでき、少年たちはそれを受け入れ喜ぶのである。老人の作った花火を見た少年たちにとって、老人はカッコいいヒーローとなる。「僕も花火職人になる」という河辺の言葉をきいた老人は、花火職人として生きてきた自分の人生を誇らしく思ったであろう。

少年たちに手伝ってもらって、老人の家は秩序をもった住みやすいものに変わっていく。老人は自分の生活を自ら維持できる有能な老人になっていく。そして3人にスイカを振る舞ったり、他の大人とも話したりするようになる。また誰にも話さなかった戦争の時の話を少年たちにする中で、否定的な出来事の統合を試みている〈注2〉。彼は少年との交流の中ですっかり変わり、安らかに死んでいく。

一方の少年たちは、3人とも家庭に問題を抱えている。木山の家では、両親の仲がしっくりいっていなくて、母親はアルコール依存になりかけているし、河辺には父親がいない。母子は捨てられたようであるが、河辺は顔も知らない父親を慕っていて、「父親のようになる」と言ってその都度違う職業を言ったりしている。母親はネグレクト気味であるし、身体的な虐待もあるのかもしれない。山下は父親のように魚屋になりたいと思っているが、母親は「お父さんのようになるな」と反対し、勉強が苦手な彼に中学受験をさせようとしている。

そのように家庭からのサポートをほとんど得られない少年たちに、老人は雑用をさせる中で独特の交流をもち、彼らの心を支えるようになっていく。当初少年たちは死ぬのを待つという反社会的な目的で、否定的な眼で老人を見張っていたのだが、いつのまにか雑用を手伝うようになっていく。そのきっかけは一つは山下の刺身の差し入れ、もう一つは「手伝っているふりをせざるをえない」という偶然の要因である。そして雑用がどれも、小学生にも可能な「生産性」のある仕事であり、しかも目に見える成果があり、成果を自分たちで確認できるような課題であることが、自らやろうとすることにつながった。彼らは成果を目にして、さらにやる気を出し、いつもぶっきらぼうな老人からたまに褒められて得意そうである。それまでまじめに生産性課題に取り組んでいるとはいえなかった彼らが、老人の家では実に熱心に取り組み、確かな成果をあげ、児童期の特性の「勤勉さ」を身につけている（その後の彼らの成長ぶりは目覚ましい）。

6　少年期の発達と老年期の発達の交差

老人と少年の交流を描いた2つの小説について論じてきたが、この2つの時期は、1節で述べたように「生産性」「役に立つこと」に関して反対の方向性をもつ時期である。児童期は生産性の獲得が発達課題であり、社会に通用する技術・知識の獲得に励む時期であるの対して、老年期は生産性をもちそれを社会で生かしてきた者が、そのあり方から降りて非生産的であることに適応するという課題を担っている。

2つの小説のどちらも、生産性を社会で使えなくなり、それとともに社会生活をなくして無気力になった老人が、少年と出会い、社会における生産性ではないが彼に残された生産性を使って彼らにかかわる中で、少年たちから肯定的な反応を得て、無気力から立ち直り〈注3〉、一方少年たちもその老人との交流から情緒的・道具的サポートを得て生産性課題に取り組んで豊かな時間を過ごし、これから生きていく上での支えも得るというように、2つの世代がかかわる中で生じた幸福な時間が描かれている。

誰からも必要とされず、誰からも大切に思われていなかった老人が、思いがけず少年たちにとって必要で大切な存在になり、そのことが老人を立ち直らせ、そして老人は自分を必要としてくれる少年たちを大切に思うようになる。これはエリクソン[18]のいう2つの世代間で「相互性」――「一方は他方を照らし、暖め、その結果として他方も、はじめ与えてくれた人に熱を返す」「他人を強化しているにもかかわらず、自身をも強化する」――が成立したケースといえる。世代間の相互性は、生殖性が発達課題である成人期の者が、他の時期の者――特に乳幼児や老いた親の世話をする時に、双方で経験されることがしばしば指摘されているが[19][20]、この2つの小説では児童期と老年期における相互性の経験が描かれている。

生産性課題を追っている少年にとっては、老人はネガティブな存在として目につきやすい（実際『夏の庭』では、当初は汚く「もうすぐ死ぬ」という意味しかもたない存在であった）。大人による世話や養護が絶対的に必要な乳幼児期には、親の手がまわらない場合に高齢者が世話や養護にあたる場合もあるが、日常生活において自立が進んだ児童期にはそのような高齢者とのかかわりは減る〈注4〉。2つの小説で、児童期と老年期の間に肯定的な交流が生じて相互性が成立したのは、（1）老人のもつ能力や特質が少年たちの発達課題の取り組みに合っていて、そのサポートができた、（2）少年たちは他の大人から道具的・情緒的サポートを受けたり、存在を認めてもらうことが少ない少年だった、という2つの要因が働いていると思われる。

つまり二人の老人は、少年たちが目指すような力をもち、そしてその達成を支援する力をもっていた。生産性達成の過程のサポートは、いわゆる「教える」ことの中核であり、教師を中心としたまわりの大人が担っている。本章で取り上げた小説では、どちらの老人もこの役割をそれなりに果たしている。生産性を発揮することから降りたとはいえ、彼らは自分がもつ知識や技術を使って、少年たちを助け、生産性課題の達成に導いている。また老人は子どもの行動が生産的であるということを、「役に立っている」「やってくれて助かった」という形でフィードバックを返している。自分の行動が人の役に立つという「生産性」は子どものやる気、生産性達成を目指す気持ちを強める。このことは特に『夏の庭』で顕著であり、少年とのやりとりから老人は自己効力感を感じ、そのことが老人の生活を変えたし、少年たちも自分が老人の役に立っていることを感じてやる気を強めている。ルートの場合は「課題達成に役立った」というのとは少し違うが、自分の言動が老人を喜ばせていることを感じ、さらに喜ばせたいという気持ちから困難な課題（野球カードを探すこと）に挑戦している。

そしてそのような経験が少年の気持ちを惹きつけたのは、彼らがこれまで大人から十分な道具的・情緒的サポートを得てきていないためである。老人は他の大人は与えてくれないサポートの提供者になり、また自分たちの行動からサポートを得て喜んでくれる人になる。そこに幸福な相互性が成立し、共にいるのが楽しい存在になるのである。そして自分が相手から必要とされ、大切にされているという思いが少年に優しさをもたらしている。ルートはもともと優しさをもつ少年だが、記憶の続かない博士がそのことで打ちのめされないように気遣い、博士のために必死になって野球カードを探している。『夏の庭』の少年たちも、つらい経験を語る老人を優しく気遣い、奥さんを捜し出して老人の罪悪感をとり除こうとして奮闘する。もともと優しさをもっていた山下や木山だけでなく、なかなか死なない老人に毒を盛ることさえ考えた河辺も、優しい気持ちをもつようになっている。

さらに老人が少年たちに果たした役割として、「生きること」のモデルになったことがあげられる。児童期の生産性の獲得は大人として社会で生きていくための準備であり、生産性を目指すことの中には「大人になりたい」という思いが内在している。そして「大人になる」ことを考える時、「どのような大人になるか」の問題が生じる。その課題は青年期の自我同一性の中核的な問題であるが、児童期にも漠然と意識されるようになっていると思われる。そしてこの２つの小説の少年たちは、老人を「生きること」のモデルにするようになっている。

ただし老人と少年との間に、このような交流がいつもおこるわけではない。老人の状況、少年側の状況、交流の中味、それらの条件が整った時のみに、相互性の体験がもたれる。状況によっては、『夏の庭』の少年たちも老人に対して加害的になり、浮浪者襲撃のようになった可能性もあるのである。松尾[21]は適切な対人的スキルの習得により、他者に影響を与えたい気持ちを、いじめから向社会的行動に向けることを提案しているが、少年たちが他者とどのような関係を結ぶかには、さまざまな要因が関与しているのである。

注

1　「老人」は「高齢者」に比べネガティブな含意があるが、本稿で取り上げる小説に登場する高齢者はネガティブな側面が顕著なので、高齢者一般に対しては「高齢者」を使う一方、小説の主人公に関しては、『博士の愛した数式』では「博士」と記し、『夏の庭』および両者を指す場合は「老人」と記すこととする。

2　老年期の発達課題は、ネガティブな面も含めて自分の人生を統合し受け止めることであるが、少年たちは老人が今まで誰にも語れなかったことを語る相手になっている。その後老人は近所のおばあさんと故郷が共通であったことから、昔の話をしている。老人はつらい過去を語ってから肯定的な回想もするようになり、少年たちは意識的ではないが、老人の人生の統合化に力を貸しているといえる。

3　ただし老人が立ち直ったのは、博士の場合は、彼が保持していた生産性が少年の課題達成に役立ったということだけでなく、生産性とは違う次元での交流ができたことにもあると思われる。つまり何かができること、達成の喜びだけではなく、数式の美しさの一端を伝えたこと、それを共有できたことの喜びが大きいと思われる。この小説の主題はむしろそのような「喜びを共有すること」「心が伝わること」にある可能性もあるが、本章では児童期の発達課題と関連した側面について検討した。

4　山岸[13]の看護学生の生育史の分析では、99名中、愛着対象として祖父母をあげた者は幼児期には7名であったのに対し、児童期には1名だけであった。

4　被虐待児の立ち直り
――デイヴ・ペルザー『〝It〟《それ》と呼ばれた子』

1　はじめに

少しのことでめげて、問題行動を起こしたり不適応になってしまう人がいる一方、大変な困難にぶつかってもめげずに乗り越え、あるいは一時的に不適応に陥っても立ち直っていく人がいる。今までの臨床心理学や精神医学は、不適応への危険因子や脆弱性の解明を中心に行なわれてきたが、近年、脅威的な状況に対して適切に対処する力やそれを可能にする個人のポジティブな側面が注目されるようになってきている[1]。

ラザルス[2]は、同じストレッサーでもストレス状態になるかどうかはストレス耐性によって異なり、認知的評価が介在するとしたが、さらに自己効力感[3]や首尾一貫感覚[4]（sense of coherence）等の概念によってストレッサーへの対処の違いを説明しようとする研究が進められている。

ネガティヴな生活上の経験は不適応や精神障害の要因になることがあるが、一方でそのような経験をしながら、その状況を乗り越え、心理・社会的に良好な状態を維持する者もいることが指摘されている。ウェルナーとスミスは長期の縦断的研究により、脅威的な状況下でも健全に育った子どもたちがいることを示したが、[5] それがレジリエンス研究の始まりとされ、困難で脅威的な状況に曝されて一時的に不適応な状態に陥っても、精神病理を示さずにそれを乗り越える強さを表す概念としてレジリエンスが使われるようになった。[6][7] レジリエンスの定義はまだ必ずしも一定ではないが、その構成要因を検討し尺度を作成する研究が、日本でも行なわれている。[8][9][10][11][12] また愛着研究においても、幼少期から一貫して安定した愛着を形成している連続的な安定型（continuous secure）とは別に、幼少期にネガティブな経験をしながら現在は安定した内的作業モデルをもつ獲得された安定型（earned secure）の存在が報告されている。[13] ネガティブな経験により不安定な愛着を形成したにもかかわらず、それが安定愛着に変わるのは何によるのか、どのような要因がそこに寄与しているかの検討もされているが、[14][15] そこにレジリエンスが関連していると思われる。

本章では、虐待というネガティブな経験を長期間受けながら立ち直った青年が書いた記録を事例として取り上げ、なぜ彼が立ち直れたのかについて、本人による詳細な記述から立ち直りの要因を抽出し、さらにそれらが何によって可能になったのかを生育史の中から探り、人間のもつ強さについて検討を行なう。

取り上げるのは、米国で実母からカリフォルニア史上最悪といわれる虐待を受けながら、それに耐えて立ち直り、その体験を著作として公刊したデイヴ・ペルザー氏（以後敬称略）の事例である。彼の5冊の著作[16][17][18][19][20]はアメリカで大ベストセラーになり、日本でも広く読まれている。彼は青少年のための講演や指導をして「アメリカの優れた若者10人」「世界の優れた若者」として表彰もされている。彼が書いた5冊の著作を用いて、彼がなぜ立ち直れたのか、何がそれを可能にしたのかについての分析を行なう。

まず青年が書いた記録を事例として取り上げ分析することの妥当性と意義について述べ、次に彼が立ち直ったといえるかどうかを心理学の観点から検討してから、彼の生育の過程 —— 生い立ちや虐待、その後の経過 —— を簡単に述べ、その後になぜ彼が立ち直れたのか、何がそれを可能にしたのかについて分析を行なう。

2　デイヴ・ペルザーの著作を分析することの妥当性と意義

彼の著作は、社会的に有能な大人になった人が不幸だった自分の過去を振り返ってその時々の心理や立ち直りの過程を語ったものである。何があったのかをその時点で研究者が客観的に観察したりインタヴュー調査をしたものではなく、本人が現在どう考えているのか、どう解釈しているかについて回顧的に語ったものである。ナラティブ研究が示しているように[21]、そこで記述されているのは「過去の客観的事実」というより、現在の視点から再構成化された過去、なぜ立ち直れたかについての本人の現在の解釈である。

生育の過程について得られる情報は縦断研究の場合以外は回顧的なものであるが、一般的には質問紙やインタヴュー等によって研究者が必要な情報を収集して分析を行なうことが多い。本事例はそのような研究とも違っていて、研究者は介在せず、本人が自由に一方的に語ったものであり、本人による半生の自叙伝である。

自叙伝をそのまま分析しても、なぜある人がそのようになったかは必ずしも説明できない。なぜならば本人が気づいていないことや誤解、気づいていても語られないこと、あるいは意識的・無意識的な歪曲や誇張がないとはいえないからである（「彼の著作は嘘であると祖母と兄弟が話した」という、著書の信用性を疑う記事も見られる[22]〈注〉。しかし書かれていることは現在の彼にとっての真実であると思われるし（5冊の著作の記述内容は一貫性があり矛盾することはない）、「過去にこんなに苛酷な虐待があったにもかかわらず、立ち直ることができた」という彼なりの「物語」を読み取ることは可能である。

筆者は1990年代から生育史を分析する研究を続けてきており[23]、看護女子学生が記述した生育史から、彼女たちの対人的経験の質について分析しているが、デイヴ・ペルザーの著作はそのような生育史を、より詳しくより豊かに綴ったものといえる。彼の語りは全くの自発性によるもので、枠組みも特に設定されていないが、筆者が設定した3つの観点、（1）生育の各時期を全体としてどう感じていたか、（2）その時期の印象的だったエピソードは何か、（3）各時期にまわりの人はどのような意味をもっていたかは含まれている。彼はそのような観点から多くのことを語り、豊かな情報が提供されている。

発達的に望ましくない環境で生育したが、安定した大人になった事例として、たとえば金子[24][25]は私生児として生まれた乙羽信子や被虐待児、安藤・数井[26]は施設で育ったある男性について、生育の過程を面接やその他の資料によって明らかにして、何がそこに関与しているのかの分析を行なっている。本章で取り上げる事例もそのような事例の一つとして、発達心理学の観点から分析する価値があると考える。本事例は、（1）極端に虐げられた状態からの回復であり、（2）しかも表彰されるような若者・大人になったという「立ち直り」の希有な典型例であると考えられること、（3）虐待や立ち直りの過程が本人の視点から5冊の著書として詳しく語られており、（4）1回限りの語りではなく、時期的に異なった複数回にわたって繰り返し語られている、という点で、何が人を立ち直らせるか、その要因は何かを考察する上で、貴重な事例と考える。

3　デイヴ・ペルザーの立ち直りについて――獲得された安全感か？

彼は確かに「極端に虐げられた状態に置かれながら、優れた若者・大人になっている」といえるが、外的適応だけでなく、内的にも適応し健全性をもっているか、あるいは成人愛着研究の観点から見て安定した内的作業モデルをもっているといえるかについて、まず検討しておく。

安定した安全感をもつ者は一貫して安定した愛着、内的作業モデルをもち続けているのに対し、獲得された安全感をもつ者は幼少期にネガティブな経験をしながら、現在は一貫性のある語りが可能で、安定した内的作業モデルをもち、現実の対人関係においても安心して他者にかかわれる。安定した安全感をもつ者、安定自律型は、「経験の内容にかかわらず、理解可能なストーリーを首尾一貫した形で語ることができる。否定的な経験があっても、肯定的な面と合わせてバランスのとれた見方でとらえ、落ち着いた様子でオープンに語れる。発達への影響を認識している。記憶の中の対象に防衛や恐れなく容易に近接可能」という特徴をもつとされる[27]。デイヴは幼少期には極度にネガティブな経験をしながら、過去についての語りは首尾一貫していて、時に恐れや絶望、憎しみなどの感情もおこるものの、基本的には落ち着いたバランスのとれた見方で自分の状態やまわりの状況を語っており、淡々とした統制のとれた文章で書かれている。それは上述の基準を満たしていて、安定自律型に該当していると考えられる。

現実の対人関係においても、妻マーシャと安定したよい関係をもち、信頼関係を築いているし、デイヴが養子となった家があった「ドインスムア通り」の人々に対して感謝と好意をもち続け、肯定的な他者観・自己観が窺える。また恵まれない青少年の支援をし続けており、自己の有効性を感じ自己信頼感ももっていると考えられる。5冊目の著書は指南編であり、自分の経験に基づいてネガティブな状況にどう対処したらいいかを青少年に語るものであり、自分の経験や存在を青少年のために役立てたいという彼の気持ちが窺える。息子スティーブンともよい関係をもっていることが何度も記述されている。未解決型は、子どもとの交流の中で外傷的な記憶が活性化されて突然行動が乱れて虐待するとされ、デイヴ・ペルザーもそれを恐れる記述もしているが、実際にはそのようにはならず、息子の存在、息子との温かい交流が心の支えになっている様子である。

ただしそのように安定するまでには長い年月が必要で、救出後も長いこと不適応に苦しみ、不安定な内的作業モデルを持ち続けていたことが読み取れる。たとえば「拒絶されて一人になるのが怖くて、受け入れてもらうために何でもやって悪事に手を染めてしまって」いるし、「人と親密になるのは相手が誰であってもものすごく大変」「二度と傷つけられたくないので、誰も信じない」という記述も見られ、著書を書いている今でも「うつろな気持ちや罪悪感」「人と親密になりすぎる恐怖」に襲われることがあると書かれており、完全に安定しているわけではないが、自他をとらえる対人的枠組みはかなり安定してきていると考えられる。

4　デイヴの生育の過程

デイヴ・ペルザーは1960年12月29日、カリフォルニア州のデイリーシティで父親スティーブン・ジョセフ・ペルザーと母親キャサリーナ・ペルザーの次男として生まれた。父親は有能な消防士、母親は几帳面なところがあるが、有能な主婦で普通の母親。彼は3人兄弟のまん中で、弟とは年子、兄弟の仲もよく、幼少期は幸せな時代として回想されている。

4～5歳の頃から母親から虐待を受けるようになる。何か悪いことをしたからというのではなく、理由もなく理不尽に虐待され、また奴隷のようにこき使われ、食事もろくに与えられず、母親はゲームのように虐待を楽しんでエスカレートさせていく。父親ははじめのうちは庇ってくれるが、母親との言い争いに疲れ、ほとんど庇えなくなっていく。

食べ物もろくに与えられないためデイヴは学校で盗みを働き問題児と見られていたが、ひどい怪我を負ったりするため、学校側も虐待を疑うようになる。遂に1973年3月、学校側が警察に通報し、救出される。

ソーシャルワーカーや里親の世話を受ける。虐待のトラウマがあり、また普通の生活を知らず、友人関係ももってこなかったため、うまくいかないことが多く、いじめや偏見、仲間の裏切り等でつらいことが多い。万引きをしたり放火の片棒をかついだりしてしまい、一時期教護院に入れられる。その後もさまざまな里親のところを転々とする。

高校1年の時、里親と共にドインスムア通りに転居する。それまでとは違う落ち着いた地域で、はじめて二人の親友ができる。はじめのうちはデイヴは「問題児」と見られるが、徐々に普通の生活ができるようになり、自信や自尊心も徐々に回復していく。地域の人々になじみ、支援を受けるようになっていく。

1979年8月アメリカ空軍に入隊。1980年ホームレスになってしまった父の死。1985年頃パティと結婚、1986年息子のスティーブン誕生。1987年7年ぶりに母に会いにいく。1992年1月母心臓発作で死去。1980年代から教護院等での講演や青少年支援の活動をボランティアでしていたが、1992年8月に空軍をやめて、著書の執筆や青少年支援活動を本格化する。1994年パティと別居。なお著書2冊は1993年には印刷されていたが、会社を横領され出版されていなかったことがわかる。失意にあったデイヴを励まし、出版にもっていったのが現在の妻のマーシャで、1995年に出会い、1999年に結婚している。

5 なぜデイヴは虐待に耐え、生き延びることができたのか

なぜデイヴは上述のような苛酷な虐待を受けながら、ほとんど孤立無援で耐えることができたのか。彼が悲惨な状況に耐えることを可能にした要因として、第一に、わずかだが彼をサポートしてくれる人がいたこと、第二に心を支えるような思いやイメージを心の中に持ち続けたこと、第三に諦めずに自分のもつわずかな力を使って対処し、わずかなことでもそこからプラス面を見つける志向をもっていたこと、第四に身体的・心理的強さや能力（知的能力・器用さ・自己統制能力）をもっていたこと、

が読み取れる。

父親ははじめのうちはデイヴを庇い母親にやめるように言っていたが、だんだん強い妻に逆らえなくなっていく。それでもわずかではあるが「こっそりパンをくれた」「いつの日か救い出すと約束してくれた」「ぼくのために家に帰ってきてくれた」とサポートしてくれた。結局はエスカレートする妻の行為を止められなかったのだが、デイヴはわずかな言葉や表情であっても支えられ、すがりつく思いで慕っている。

小学校の教師は、汚いなりをし食べ物を盗むデイヴを問題児と見なすが、だんだん虐待を疑うようになり、彼の様子を気にかけるようになる。一度担任が動いて警察が調べに来たことがあったが、母親の異議申し立てにより虐待は認められず、学校側はほとんど何もできない。しかし図書館で本を読むように言ってくれた先生や5年からの担任、毎日デイヴの身体をチェックする看護師等が気を配ってくれている。

デイヴは幼少期に家族で遊びに行っていたロシア川を、幸せだった頃の象徴として心の支えにしている。特に父と一緒に散歩した時、父が手を握り並んで歩いてくれた情景を心に焼き付けている。そしてロシア川のほとりに丸太小屋を建てて父と住むという夢が繰り返し出てくる。ロシア川は彼の心を支える源となり続け（父は助けてくれる人から、反対に彼が父親を救うという夢になっていく）、また大人になっても何かある毎に訪れる場所になる。彼は過去のわずかな思い出から希望の素を作り、未来への希望を心の中に持ち続けるのである（「母親が優しかった頃の母にもどるのではないか」という思いも何度ももつが、この思いは裏切られ続けるうちに断念される)。また全く無力なデイヴは力あるスーパーマンに憧れている。現実には孤立無援だが、非現実の中で助けてもらうことを夢想し、また自分がそのようになることを夢想してつらい状況に耐えている。

デイヴは理不尽に虐げられ、そこから逃げることも逆らうことも一切できないが、それでも自分のもつわずかな力を使って被害を最小限にしようとする工夫を必死にし続ける。諦めずに対処しようとする志向を持ち続け、執筆が後になるにつれて「頭を使って生き延びた」というような記述が増えている。そして少しでも虐待が少ないとよかったと思い、自分で考えた方略が少しでもうまくいくと、誇らしく思ったとあり、悲惨な状況でもプラスの面を見つけ、プラスの自己概念をもとうとしている。ポジティブな事態が一切なく、自己効力感を感じることを一切禁じられているにもかかわらず、デイヴは「虐待が昨日より少なかった」というようなことに肯定的なものを見出すのである。

四番目として、デイヴは強いストレスや逆境にあってもそれに打ち克つ強さや能力——苛酷な身体的状況を耐える身体的および心理的強さ——をもっていた。彼は何日も食べ物を食べなくても耐え抜き、寒くて眠れない状態でも病気にならず、また大怪我をして手当をしなくてもその痛みに耐え自然治癒してしまう身体的強さをもち、またつらさや苦しさに耐えて生き延びる心理的強さと、苛酷な要求にそれなりに対応できるだけの知的能力や器用さをもっている。さまざまな家事をやらされ、時間内にやらないと苛酷な罰を受けるという事態を、何とか避けるだけの器用さと実務能力。そして大きな被害を受けないようにするための方法、生き抜くための方法を考える力が彼には備わっている。

さらに劣悪な状況を乗り越えていくためには、自分の感情を抑える力、一時の感情にとらわれずに、それをコントロールする自己統制能力も必要とされる。パニックにならず、母親が何を考えどうしようとしているのかを、それまでのことを参考にして注意深く読み取り、これからおこることを予測して、被害を最小限にするための方策を考えるには、知的能力と同時に自己を統制する意思力が必要であるが、彼はまだ少年であるにもかかわらずそれらをもっていた。

以上の要因はレジリエンス研究で明らかにされてきたレジリエンスの構成要因（たとえば小塩他[8]は肯定的未来志向、感情調整、興味・関心の多様性、忍耐力をあげている）と関連しているといえる。

6　なぜデイヴは立ち直れたのか

4節で述べたように、救出されたデイヴは虐待の直接的影響として、虐待のトラウマをもち、時に連れ戻されるのではないかと怯え、対人関係に対する怯えももっていた。また普通の生活を知らないため社会的スキルや常識を知らず、友人関係ももってこなかったため、適応はむずかしく、さまざまな問題を示した。しかしその状態から徐々に立ち直り、他者と関係を結び普通の生活ができるようになっていき、さらに青少年の支援活動に携わるようになり、表彰されるようにまでなる。なぜデイヴは立ち直ることができたのだろうか。

彼の立ち直りに関与している要因として以下のことが抽出された。(1)多くの人(ソーシャルワーカーや里親)からのサポート――怯えるデイヴを安心させ、温かく世話をし、必要なことを教えてくれる人々。(2)よい友人をもてたこと――なかなか友人をもてなかったが、ドインスムア通りで二人の親友ができた。(3)生活する中で自己効力感につながる経験をし(特にアルバイト)、自信を回復させていった。(4)本人の素直で明るい資質。(5)自分の経験を役立て、自分の生を意義あるものにしたいという気持ちや、「かつての勇敢な父」のようになりたい、人を助けたいという使命感。(6)「無力で何もできなかった」と思っていた自分の過去を、それなりに頑張ったと見直すことによる自尊心の回復。(7)妻マーシャの支えと自分を慕ってくれる息子への思い。

救出後デイヴはいろいろな人からサポートを得ている。たとえば「『もう大丈夫よ。あなたは一つも悪くないの』と言って励ましてくれた」というような記述がたくさんある。

よい里親、よい人々に出会えたことと同時に、デイヴがもつ資質――サポートを素直に受け入れる資質やサポートしようと思わせる彼の礼儀正しさや一生懸命さ、明るさや活発さ――も、まわりの人からのサポートを引き出したと考えられる。

友人関係はデイヴが一番望んだことだったが、12歳まで異様な生活をし、友達と遊んだこともない彼がよい友人関係をもつことはむずかしかった。しかし彼がバイクをもっていたことがきっかけとなってハワードとポールと仲よくなり、3人は思春期のバカ騒ぎを通して絆を作っていく。何も持たないデイヴがたまたま持っていたものが、運良く友情作りに役立ったのである。デイヴは自分の過去も話すようになり、お互いに悩みを打ち明けあうような同年配の親友――サリバンの親友関係[28]――をもつことができた。思春期に親友をもったことが、デイヴのその後の適応や恋人をもつことにも大きく影響したと考えられる。

デイヴはそれまで普通の生活をしていなかったために、普通のことができず、いつもおどおどして自信のない行動にならざるをえなかったが、生活する中で徐々にスキルを身につけ、自信を回復させていく。独立に備えてお金をためておきたいという実利的な理由と、アルバイトは人間関係をもたずにすみ、また頑張ればそれに応じたフィードバックが得られるという理由で、アルバイトに精を出すようになる。そしてそれは自己効力感につながる経験になり、社会に出る訓練になると同時に、自信を回復させていく。

デイヴは幼少期から勇敢な消防士の父親を誇りに思っていたが、「かつての勇敢な父」のようになりたい、人を助けたいという使命感のようなものをもつようになっている。そのような彼の気持ちは自分が出会った大人を描く時にも投影され、「警察官になったのはきみのような子どもたちのためなんだよ」というような大人の言葉がしばしば書かれている。西平[29]は「使命感につながるアイデンティティの統合」が回復力を成熟させ強化するとしたが、「自分の経験を役立て、自分のような子どもを助ける」というアイデンティティを作っていったことが、立ち直りに役立ったと考えられる。また「自分も虐待されていた」という母親の言い訳に対し「あのようになりたくない、憎しみの連鎖を断ち切りたい」とする強い思いも、彼の行動を方向づけており、著書の執筆もその困難な課題に立ち向かう一つの方法だったと思われる。そしてそのことが、その思いの実現や立ち直りに大きく寄与していると考えられる。

また著書を執筆する中で、「無力で何もできなかった」と思っていた過去が、「自分にできることはやった」「それなりに頑張った」というとらえ方に変わり、自尊心がさらに回復していったように思われる。1巻では自分がいかにつらい目にあったかの記述が中心だったが、5巻では自分がいかにその状況に対処したか、どのように戦略をたてたかが書かれるようになっている。彼は過去を再構成する中で、過去の自分の強さに気づき、自信や自尊心を高めている。

デイヴが過去を振り返り著書を執筆したのは、「首尾一貫感覚」[4]をもつためであり、執筆が進むにつれてそれが獲得されていったと考えられる。「首尾一貫感覚」の核は、アントノフスキー[4]によれば、（1）把握可能感、（2）処理可能感、（3）有意味感であり、首尾一貫感覚の高い人は世界を秩序だった一貫性のあるものと知覚し、そこで起きる出来事は対処可能で対処のための資源を自分はもっているととらえ、そして対処することは意味があると考えるとされる。つまり困難な状況に直面した時、まわりの社会環境や自分の経験などから自分が使える資源に気づき、それらを動員することでその状況も対処可能と考え、また対処することに意味を見つけ、心の支えにするのである。そのように状況をとらえ対処することによって人は精神的健康を維持できるとされる。デイヴは過去を振り返り、著書を執筆したり講演したりする中で、虐待されていた時はなかなかもてなかった把握可能感や処理可能感、有意味感をもてるようになったと考えられる。

そしてデイヴを理解し、協力・支援してくれる妻マーシャと自分を慕ってくれる息子スティーブンが、最大の支えになっている。デイヴは愛着の対象をもてず、安全感を脅かされて生きてきており、混乱した否定的な内的作業モデルしかもてなかったと思われるが、3節で述べたように安定した内的作業モデルをもつようになってきている。ドインスムア通りで家族のように接してくれる人々に出会い、さらに本当の家族をもち、よい関係を築くことで内的作業モデルの安定度がさらに増している。そして息子とよい関係をもつことが、デイヴを見捨て自分の人生もだめにしてしまった父親との関係の修復にもなっているように思われる。

7　何がそれらを培ったのか

5、6節で述べてきた、デイヴを逆境に耐えさせ立ち直らせた要因を大きくまとめると、（1）まわりの人々が適切にデイヴを支え、トラウマを癒やし、適切な経験をする機会を与えてくれた、（2）逆境に対してプラスに働く資質や志向、能力をデイヴがもっていたことにあるといえる。

では、なぜデイヴはそれらをもてたのだろうか。（1）に関しては外から与えられたものだが（ただし5節でも述べたように、それを引き出す要因はデイヴ側にもある）、（2）はデイヴがもつ要因である。逆境に対してプラスに働く資質や能力の中にはある程度生得的なものもあり、彼は気質的にも知的にも有利な資質をもっていたと考えられる。彼がもつ身体的強さや明るく活発な気質、（写真から窺える）容姿、知的資質等、かなり生得的なものと考えられる。

デイヴは劣悪な状況でも何とかして生き延びる方法を考え出すような知的な力を発揮していることを4節で述べたが、そのような生きていく上での知恵だけでなく、学校で学習したことも彼は身につけている。小学校時代の生活状況はひどく、学習どころではなかったと思われるが、学校の成績はよかったとあるし、「図書館で本を読む時だけ安心できた」とある。アルバイトにのめり込んでしまい高校は中退してしまうが、検定を受けて卒業資格を取得しているし、ベストセラーを書く能力の持ち主である。劣悪な状況でも伸びるような知的な力をもともと備えていたと考えられる。

デイヴは4、5歳の時から虐待を受け、地下室に一人追いやられ、動物以下の苛酷な衣食住生活を強いられ、また奴隷のようにさまざまな家事をさせられるようになる。まだ親の養護が必要な時期にそれを与えられず、極端に困難な生活を強いられているが、彼は何とか生き抜くだけの自立性や自律性をもち、さまざまな問題を独力で解決している。これ程の自立性や意志力、自己統制能力をもっていたのは、幼児前期の発達課題を確実にクリアしているからと考えられる。また彼の礼儀正しさや一生懸命誠実にやる志向も、きちんとしたしつけ、バランスのよい親の統制をある時期に受けていたことを示しているように思われる。

父親に関しても、時に憎しみや激しい怒りも書かれているが、それにもかかわらず慕い続けている。また決定的に打ちのめされ、自尊心を挫かれ、自分はダメな子なのだ、何もできないのだと思わせられてきたにもかかわらず、誇りを失わないデイヴには、自分に対する強固な信頼感もある。何者にも揺るがない確かな信頼感を彼は獲得している。

またこっそりケヴィン（末子）の相手をし、可愛いと思い、遊ばせて安らぎを得たことが書かれている。いじめられる可能性がないからとも考えられるが、彼には養護性があり、彼の救出後虐待の標的にされてしまったラッセル（リチャード・ペルザー）やホームで弱い立場にある子に優しい態度で接している。

デイヴの養護性は、彼が幼少期には優しくされた経験があるからと考えられる。「小さい頃は母親は優しかった」というように書かれているが、乳児期には母親は愛情を注ぎしっかりした心の絆ができていたと考えられる。彼はエリクソンの第一、第二の発達段階の発達課題を見事に達成し、「希望」と「意志」の徳を身につけていて、それが強さを培って劣悪な虐待状況をくぐり抜けさせ、その後の段階の発達課題については、幼少期に培った強さと救出後に得たまわりからのサポートによってクリアしていったと考えられる。

注

ただし苛酷な虐待があったことは、裁判記録や小学校教師の証言もあり、弟による著書[30]でも記述されており、客観的事実といえると思われる。祖母と兄弟の反論は、おそらく一部についてであり、虐待があったこと全体を否定するものではないと考えられる。

Ⅱ　心の発達――道徳性をめぐって

5 少年の連帯
――ゴールディング『蝿の王』と大江健三郎『芽むしり仔撃ち』

1　はじめに

子どもが一人でものごとを達成するのではなく、連帯すること――集団で協力して共通の目標を目指して活動し、その中で集団との一体感をもち、他の成員と自発的で親密な関係をもつこと――は、社会性の発達の重要な側面である。しかしそのような「連帯」や「連帯感」を発達心理学や教育心理学の立場から実証的・理論的に検討する試みはほとんどなされていない。エリクソン[1]の自我発達理論における児童期は上述の連帯感との関連が深いと考えられるが、考察の対象は「生産性対劣等感」が主で、それと関連して生じる連帯感についてはほとんど触れられていない。発達心理学においては、他者と自由で平等・相互的な関係を作ることはピアジェやコールバーグの道徳性発達理論[2][3]の中心的な問題であり、コールバーグは後期の「公正な共同体（ジャスト・コミュニティ）」に関する研究で、集団意識や集団の発達段階について言及しているが[4]、「連帯感」と関連させた考察はほとんどなされていない。

本章では、児童期の連帯について、どのような状況下においてそれが可能になるのか、その条件についての考察を行なう。なお「児童期」とは6歳から12歳くらいの時期で、多くの国での学校制度ともほぼ一致していることから、学童期とも呼ばれる時期である。考察の対象とするのは、少年たち〈注〉の連帯を描いた対照的な2つの小説、ウィリアム・ゴールディングの『蝿の王』[5]と大江健三郎の『芽むしり仔撃ち』[6]である。どちらの少年たちも突然大人から切り離されて自分たちだけで生きていくことを課されるが、一方は連帯して豊かな関係を築き、他方は連帯できずに殺伐とした闘争になっていく。小説は事実ではなく、作家の考えや直観に基づくものであるし、地理的・文化的背景が異なる小説であるが、人間についての深い洞察をもつ二人のノーベル賞作家が描いた少年をめぐる状況には、連帯を可能にする条件は何かの問題が内在しており、児童期の自我発達や連帯感を規定する認知的・社会的条件を導きだすことが可能なため、「連帯が可能だった」「不可能だった」典型的な事例として取り上げて分析を行なう。

本章では、まず児童期になぜ連帯感をもつことが可能になるのか、その認知的・社会的基盤について述べてから、2つの小説における少年たちをめぐる状況を分析し、何がどう違っていたのか、どのような状況に置かれ、それが発達的に見てどのような意味をもっていたためにそうなったのかという観点から検討する。さらに少年たちがむずかしい状況でも連帯できるようにするために、大人はどのように援助していけるのかを、連帯を規定する認知的・社会的条件と関連させながら考察する。

2　児童期の連帯感とその認知的・社会的基盤

エリクソンによれば児童期の発達課題は「生産性対劣等感」の危機の克服とされている。[1] 児童期になると子どもたちは学校に入り、知識の吸収や技術の習得を目指すようになる。幼児期のように個人的な目標を追って主観的な満足を求めるのではなく、社会で認められた目標、誰もが認めるような客観的な成果を目指す活動 ── 知的な学習やスポーツ、お稽古事等 ── にエネルギーを注ぐようになる。その背後にあるのは、(1) ものごとを客観的にとらえられるようになるという認知発達（具体的操作）と、(2) 家庭中心だった子どもが、学校という集団に所属するようになる、という幼児期から児童期にかけておこる大きな2つの発達的変化であると考えられる。以下に、この2つがいかに連帯を可能にするのかについて述べてみる。

自他の行動を自分の視点からだけではなく客観的に見ることが可能になった子どもたちは、客観的な成果＝「生産性」があったと認知した時、達成感や自己効力感・有能感を感じるようになる。幼児期には客観的な成果ではなく、自分にとって成果があると感じられれば「自分がやった」という充実感・達成感が感じられるが[7]、児童期になるとそれを経験するためには客観的な成果、誰もが認めるような成果を得ることが必要になると考えられる。そして努力しても思うような成果が得られない時、彼らは無力感や劣等感をもつようになる[1][8]。

遊びに関しても、幼児期には自分たちだけの世界を作る主観的なごっこ遊びが中心であったが[9]、児童期には共通の基準に基づき客観的な成果を競うような集団遊びが中心になる。目指す目標を他者と共有し、行動の成果も客観的にとらえられるようになると、複数の他者との「協力・競争」という新しい関係がもたれるようになる。そして児童期後期にはこの時期特有の「ギャング集団」が形成される。彼らは10歳頃になると、排他的で結束の強い集団を構成し、リーダーを中心に自分たちでルールを作り、ルールに基づいて組織的な集団遊びに没頭する。彼らは協力して目標実現を目指し、客観的な成果をめぐって一致団結して他の集団と競い、成果を共有して「われわれがやったのだ」という集団としての効力感を経験する。それが適切な形で経験されると、集団への一体感と集団の一員として集団目標を実現しようとする気持ちがさらに強まり、また成員間に自由で平等な関係が形成されると考えられる。

一方共通の基準に基づいて客観的な成果を競う時、他者と比較することにより、優劣意識も生じる。社会的比較を発達的に検討した研究によると、社会的比較は4歳からすでに見られるが、社会的比較に基づいて自分の能力を評価するのは小学4年以降であることが示されている[10]。したがって児童期の子どもたちは、生産性課題（劣等感にめげず客観的な成果を目指して一生懸命励むという児童期の課題）に取り組み、その達成により達成感と共に他者よりできるという自己評価をもち、優越性を感じたりするようになる。それが重要な場面で繰り返され、片方が自分の優越性を誇示する場合は、現実的な強者－弱者の関係ができてしまうこともある。そのような事態は集団での達成場面でおこる場合もあり、集団による達成であっても「われわれ」の達成ではなく、力ある個人の達成と認知され、時に「個の拡大欲求」を強めて、力をもって他者を支配する行動につながることもある。児童期の生産性課題は両刃の剣であり、連帯感によってもたれる平等・相互的な関係だけでなく、競争的で抑圧的な人間関係を生み出し、一方的な支配・被支配の関係をもたらす場合もあると考えられる。

以上のように、児童期には認知的・社会的発達に伴って生産性課題がもたれるようになり、それが協力・競争という新しい関係の中で達成されることを通して、連帯感がもたれると考えられる。ただし、そのような児童期の状況は、場合によっては競争的で抑圧的な人間関係を生み出すことも考えられる。どのような状況で連帯が可能になり、どのような状況ではそれが不可能なのかについて、少年たちが携わっている生産性課題や協力・競争のあり方についての分析を中心に以下に考察を行なう。

3　少年たちはなぜ連帯できなかったのか――『蝿の王』の場合

(1)『蝿の王』の少年たち

『蝿の王』は、イギリスからの疎開中に南太平洋の孤島に不時着した少年たちの物語である。彼らは大人が誰もいない世界で、救助を待ちながら自分たちだけで生きていくことになる。少年たちは隊長を選び、民主的な集会を開いて自分たちがやるべきことやそのために必要な規則を決める。皆で協力して理性的秩序を守り、よい集団を作ろうという意志はほら貝に託され、ほら貝を持つ隊長ラーフを中心に少年たちの自治の生活が始まる。しかし平和で理性に基づく生活は徐々に壊されていく。ジャックという少年がラーフと対立し、時と共にその対立は先鋭化し、やがて集団は分裂し殺伐とした陰惨な闘争になっていく。

少年たちは3つのグループに分けることができる。第一は、リーダーの資質を備え隊長に選ばれたラーフと、最後までラーフと共にあってほら貝を持ったまま殺されてしまうピギー、寡黙だが深い洞察力をもつサイモン（彼も殺されてしまう）のグループ。彼らは皆にとってどうすることが一番いいことなのかを理性的、長期的に考えることができる。彼らは皆が快適に生きていくための方略（たとえば小屋を建てること）を提案し、その実現化のために一生懸命かかわる。彼らは、救助されるためには火を守り、煙を出し続けることを最も重要と考えている。その大変な仕事を継続させるためには皆が協力することが必要である。彼らにとって他者とは協力して共通の目標に向かう者である。

彼らはそのように認知的に優れた力をもっているが、一方でそれまでただ大人に従って生きてきた少年たちである。彼らは困難な事態になると「大人ならどうするだろうか」と考え、大人の指導を望み、自分たちの状態を嘆いている。特にピギーは何かというと「ぼくのおばさんがね」と言い、またすぐにぜんそくが出る肉体的にも精神的にもひよわな少年である。またサイモンはコミュニケーション能力が欠けており、ラーフも肝心な時に自分の考えをうまく伝ええない。認知的には高水準だが、社会的発達や自我発達は必ずしも十分ではない少年たちである。

第二のグループの中心はジャックである。彼ははじめから他者を力で支配しようとする傾向を示していたが、その傾向は彼の能力や状況的要因によって強められ、民主的な第一グループと対立していく。彼はナイフを持ち、狩猟の才能をもっていた。彼の関心とエネルギーは豚を狩ることに向けられる。彼にとって狩りは、確かな成果を手にするという児童期の生産性達成の最適な機会であった。彼はそれをほとんど独力で、他者の助けなしでやりとげることができた。豚を狩った喜びは皆で共有するものでなく、彼の個人的なものである。しかしその結果は皆に分配された。彼は果物しか食べるものがない少年たちに肉を提供した。彼にとって他者は連帯してことにあたる存在ではなく、自分の力を誇示し、成果を恵んであげる存在にすぎなかった。そして彼の行為が少年たちの基本的な欲求を充足させることから、ジャックは力をもつようになっていく。

しかし彼は現在の楽しさを追うばかりで、ラーフたちのような長期的視点をもっていない。一度ジャックが火の番の少年を狩りに動員した時船が現れ、少年たちは救助される機会を逃してしまうが、ジャックはそのことを悔やむことなく、ラーフに文句を言われたことに腹をたてているだけである。

第三のグループはその他大勢の少年たちである。彼らは大人という権威者がおらず、何も現実的な力で強制されない世界で、欲求のままに生きている。彼らはもちろん救助されることを望んでいるが、そのためにつまらない仕事をするより楽しく過ごしたいと思っている。その島は暖かく、恵まれた自然条件の中にある。少年たちは昼間は何の脅威もなく楽しく過ごすことができる。そんな彼らに、ラーフは本来の目的を達成するために、面白くないしまだ何の成果も得られていないことを地味に忍耐強くやることを要求する。一方ジャックは「豚を狩る」という明確な成果をもたらす行為を行ない、それに伴う荒々しい熱狂と興奮を集団にもちこむ。おいしい肉を与えられた彼らは、だんだん本来の目的を忘れ、その時々の快楽に魅かれ、そしてジャックの圧政を許容するようになっていく。

(2) 連帯を不可能にした状況的、発達的要因

平和で民主的な自治が崩れ、理性でなく力が支配する集団になってしまった原因は何だったのだろうか。ラーフとピギーはその原因をジャックに求めているが、しかし集団を変えていったのはジャッ

クだけでなく、ジャックを受け入れラーフを受け入れなかった少年たちでもある。著者は集団が悪しきものに変質してしまった原因は『蝿の王』であり、『蝿の王』とはわれわれの内面に巣くっている悪、人間の内なる暗黒であると述べている。しかしこの物語が悲惨な結果になってしまう原因は、人間性の悪だけにあるのではなく、少年たちをめぐる状況にもあるように思われる。彼らをめぐる状況は、児童期にある彼らが自分たちの力だけで連帯するには困難なものであった。自分たちが選んだリーダーが目指す意図を十分理解することができず、連帯の動機づけをもてない時、生産性を追求する少年たちは、別のリーダーを求めざるをえなかったのである。

少年たちは、孤島に不時着したという強烈な共有体験をもっており、そもそも共通の目標に向かって連帯することが容易な状況にあった。彼らが共通にもっている目標、欲求は、(1) 救助されること、(2) 救助されるまでの期間を楽しく過ごすこと、(3) 恐ろしいこと、不快なことから逃れることである。そしてそのためには、自分たちしかいない孤島で何とか協力して仲よくやっていこうという連帯感や自治への志向を強くもっていた。

ところが自分が置かれた状況の認知、現状に対する感じ方の違いや、目標実現を目指す行動に対するフィードバックの受け取り方から、3つの目標の重みがそれぞれ微妙に異なってくる。ラーフは夜のため、また雨が降った時のために小屋を作ることを提案するが、ほとんどの者は協力的ではない。それは雨も寒さもなく気持ちのよい昼間には、小屋を作ることとの必然性が感じられないからである。状況を長期的、多角的に見る能力がない少年たちは、遊ぶ楽しさを我慢してまで一生懸命働く気持ちにはならない。

彼らにとって本来一番重要な目標は、救助されることである。全員がそのことを強く願い、目標実現のために協力している。しかし良好な自然条件のために、それはそれ程切実なものにはならない。一方（3）は皆が共に望んでいることであり続け、このことに関してのみ彼らは対立をはらみつつも協力してことにあたっていた。また一時の楽しさを求めるのでなく、救助されたいという欲求を強める契機となりうるものでもあった。しかし少年たちが恐れているものははっきりとした姿を見せないため、わけのわからない獣、超自然的なものとしてとらえられてしまい、結局連帯を強めることにはならなかった。そしてジャックが豚の頭を供えることによって恐怖がある程度おさめられてしまうと、ラーフとジャックの決裂は決定的になるのである。彼らは孤島に不時着した仲間という強烈な共有体験をもちながら、連帯するための確固とした共有目標をもてなくなってしまう。

救助されることが皆の強い目標にならなかったもう一つの理由は、そのための行為（火を炊いて煙を出し続けること）が努力を要し、しかもそれに対する見返り（フィードバック）が全くないということにある。少年たちは明確な目標があり、努力に応じたフィードバックが返ってくることには勤勉に取り組むことができる。少年は客観的に成果をもたらし、社会や文化の要請に沿うような生産的な事柄に熱心に取り組むことが可能であるが、そのためには、彼が何らかの意味で生産的になりつつあるというフィードバックを与えられることが必要である。

しかし、救助のために火を燃やすことは何の成果ももたらさない。四六時中火を絶やさないことは大変な仕事であるが、その努力は全く報われない。いくら頑張っても、船が偶然そこを通らなければその頑張りは全く意味をもたない。日々の努力が生産性と結びつかず、それにもかかわらず努力は続けられねばならないし、一時の怠りが非生産性を招くという非常に厳しい作業なのである。未来に向かって時間的展望[14]をもち未来に規定された現在を生きる青年たちならば、非生産的な現在に耐えることができたかもしれない。また成果がないにもかかわらず取り組んでいくことを励まし、別の次元でのフィードバックを与えてくれる大人の支えがあれば、少年たちは本来の目的を持ち続けたかもしれない。しかし彼らは少年にすぎず、彼らを取り巻く状況に彼らを支えるものはなかったのである。

それに比べ豚を狩ることは、一生懸命努力して生産性を得るという児童期の発達課題そのものであり、果敢な挑戦は大きなフィードバックをもたらす。大きなすばらしい獲物を射止めたジャックは最高の充実感を感じるし、荒々しい格闘の跡を体中に残し、興奮さめやらぬジャックからその体験談を聞く少年たちも生産性を疑似体験している。そして豚狩りは少年を惹きつける生産性と結びついた課題でありながら、ジャックにとっては協力を要するものではなかった。協力しなければ課題が達成されない時、少年たちは自らが求めるもの（生産性）のために他者と協力せざるをえない。しかしジャックは優れた能力をもっていたために、ほぼ独力で豚を狩ることができてしまう。二度目の狩りにはジャックを補助する少年たちも加わっているが、ジャックは彼らの貢献を評価しないし、実際その貢献度は低い。ジャック個人の手柄であり「皆でしとめたんだ」というような連帯感は皆無である。そしてジャックがしとめたものは、皆に分かち与えられる程に多量で、一人で持っていても仕方ないものである。ジャックはそれを皆に分け与えることにより、自分たちに利をもたらしてくれる力ある者と認知されていく。

ラーフは成果はすぐには現れないが長期的に見れば一番本質的な（1）の欲求充足を最優先しようとしているリーダーで、一方ジャックは皆の（2）の欲求充足を満たしているリーダーである。ジャックはおいしい肉を提供することにより（2）の欲求に現実的に応じ、また豚の首を「獣への贈り物」として捧げることにより「おそろしい獣」をある程度遠ざけることができた。一方ラーフに従えば、（1）の望みはあるものの現実的にはまだ何の成果もなく、（2）と（3）に関しても、ラーフはジャックのような具体的な成果は示していない。ジャックは「ぼくのお陰できみたちは肉が食えたんだ。それに、ぼくの狩猟隊のお陰でこれからあの獣からも守ってもらえるはずだ」と誇らしげに言う。それに対しラーフは「それがきみたちの仕事だったんだ」と応じ、ジャックは集団の一つの任務を果たしたにすぎないこと、その成果は集団全体のものであることを主張している。しかしジャックは「じゃ、そのほら貝でどうしようときみはいうんだ」と、現実に何の成果ももたらさないラーフを嘲笑するだけである。

少年たちが置かれた状況は、彼らが連帯に必要な共有目標を持ち続けることが可能な状況ではなかった。そして彼らは、重要ではあるが成果が見えない目的を追い続けるリーダーではなく、児童期の喜びを体現し、即物的なよきものを共有させてくれる力ある者を選んだ。平等な連帯を結ぶことができなかった少年たちは、強者とそれに従う従者の関係に堕していき、そして少年たちはそのリーダーに従って「人間性の悪」（ゴールディング）に向かっていったのである。

4　少年たちはなぜ連帯できたのか――『芽むしり仔撃ち』の場合

『蝿の王』が少年たちの連帯の失敗の物語であるのに対し、大江健三郎の『芽むしり仔撃ち』は、少年の愛と連帯の物語、少年たちによる自由な王国の建設の物語である。ただしこの小説は連帯に向かう集団のプロセスや力学を描くというより、主人公と他の少年との個人的交流を描くことが主体の小説で、『蝿の王』ほど集団の連帯の条件が明確ではない。しかし同年代の少年たちが大人から隔離され完全な自治の機会をもった時に、『蝿の王』とは違ったポジティブな方向に向かった事例として取り上げ分析する。

（1）『芽むしり仔撃ち』の少年たち

『芽むしり仔撃ち』の主人公たちは感化院の少年である。『蝿の王』の少年たちと同様、戦争を逃れて山の奥の村へ集団疎開するところから話は始まる。少年たちがたどり着いた村では疾病がはやり始めていた。疾病の流行を恐れる村の大人たちは、少年たちにたくさんの動物の死骸を埋めさせた。そして少年の一人、村の女と犠牲者が出ると、村人たちはばい菌を持っているかもしれない少年たちが来られないように厳重にバリケードをして、隣村へと逃げてしまう。少年たちは疾病の恐怖の中、「孤島」に取り残されてしまうのである。

　少年たちの構成は『蝿の王』のように明確には記述されていない。個人として描かれているのは集団のリーダー格の「僕」、「僕」に無垢の信頼を寄せる「弟」、「僕」と同様集団をリードする力をもち時に「僕」と対立する準リーダー格の「南」、後に集団に加わる朝鮮人の「李少年」の四人、それに母親が疾病で死亡し村に取り残されてしまった「少女」だけである。主人公の「僕」は乳幼児期からの発達において発達課題をクリアし、基本的活力 —— 希望、意志、目的[1] —— を十分に身につけて、他者と共に生きていく力をもつ少年のように思われる。本章ではこの問題は論じないが、彼の少年としての成熟性とそこから生じる弟や李との親密な交流は、状況によってはジャックのようになるかもしれない少年「南」からも、そのような感情を向けさせている。『芽むしり仔撃ち』の少年全体の特徴として、大人に頼らず自分たちでやっていこうという自立の志向性を強くもっていることがあげられる。彼らは大人社会に敵対する目的をもち敵対してきた感化院の少年であり、大人のいない世界で生きていく潜在的な力を備えていた。

（2）連帯を可能にした状況的、発達的要因

取り残された少年たちがもっている一番大きい欲求は「疾病で死にたくない」という欲求、疾病への恐怖である。その疾病は自分たちが埋めたおびただしい動物たちを死に追いやったものであり、また自分たちの仲間、長いこと共にあり、つい昨日まで生きていた仲間を物と化してしまったもので、その恐ろしさは少年たちにとって具体的で緊急性を帯びており、『蝿の王』の漠然とした恐怖とは全く違っている。『蝿の王』では少年たちは良好な状況（彼らは救助されなくても当面は何とか楽しく暮らせる）にあるが、こちらは切迫した厳しい事態である。少年たちは脱出しようとするが村人たちに阻まれる。彼らは自分たちが死なないために死者を埋めねばならず、その作業は協力を必要とし、また仕事の必要性は誰にも明白であるため、さぼる者はいない（主人公はラーフのような嘆きをもたないですむ）。そして少年たちは自分たちと同じ境遇にある朝鮮人の少年にも協力の手をさしのべる。激しい殴りあいをした相手であるにもかかわらず、彼が重い墓石を動かせないのを見ると少年たちはそれを手伝い、彼らの間に連帯感が生まれる。彼らは疾病が蔓延するという緊急の事態に置かれ、それを回避したいという必然的で非常に切実な欲求を共有し、そのために行動に分裂はないのである。

しかもその欲求は村人の悪意で阻まれる。村人たちは彼らを疾病の中におきざりにし、バリケードを築いて彼らを拒絶する。さらに一人残された村の少女のために、危険を冒して助けを求めにいった

主人公の訴えも拒絶される。彼らは少年たちの敵であり、これからもそうあり続けることを厳然と冷酷に示した。少年たちの心の中で共通の強い怒り、恨みの感情が燃えあがる。彼らをおびやかすものに対する認識や態度において彼らの間に不一致はない。村人こそが自分たちを恐怖に陥れた元凶であり、彼らは決して救ってくれないどころか、もし戻ってくれば今の楽しい生活を破壊する恐ろしい敵である。少年たちにははっきりとした共通の敵があった。

少年たちは隔離され恐怖の中にあるが、一方で自由をも手にした。村人たちがいない村を彼らは我がもの顔で略奪する。村の家々をあらし、残された食料をかき集める。貧弱ではあるが彼らは自由な王国を手にいれたのである。自分たちの力で自分たちの生活を維持していくという、生産性に結びつきやすい明快で単純な目標。彼らもジャックたちと同様狩りをし、祭をして児童期的な喜びを満喫する。『蝿の王』の少年たちと違うのは、その楽しい状態を維持することが少年たち全員の共通の目標であることとである。楽しく自由に暮らすということは彼らの最も基本的な志向――疾病の回避の努力――と相反することもなく（『蝿の王』の場合はそれは救助への欲求と対立してしまった）、その維持が皆の共通目標であり続けることが可能だった。そして第二の違いとして、彼らの場合は食料を得ることや狩りにおいて特定の人に成果が偏ることがなかったことがあげられる。彼らは「生産性」に関して著しい差がなく、「生産性」を一人の人に帰属させなくてすんだ。したがって生産性をもたらした者・生産物を授与される者の分化による力関係が生じていなかった。狩りの獲物もせいぜいキジで、「頑張ったな」と賞賛を寄せられる程度であり、豚を狩ったジャックのように力を付与されるようなことはなかったのである。

5　連帯を規定する条件

2つの小説のどちらの少年たちも、突然大人の社会から切り離され、自治の機会を与えられた。彼らは類似の状況に置かれ同じ発達段階にいる少年たちであるにもかかわらず、一方の少年たちは連帯して「自由な王国」を築き、一方は力の支配に陥ってしまった。なぜそうなってしまったのかの分析を行なってきたが、児童期という発達段階にある少年たちの連帯を規定する条件についてまとめてみる。

児童期の認知発達は具体的操作期にあり、具体的なことに関しては論理的に考えられる時期である。彼らが注目することは具体的な「今・ここ」であり、長期的にものごとを考えたり、自分の状況をそこを離れて相対化して見ることはまだできない。それができるようになるのは、「今・ここ」を離れて現実とは別の視点（たとえば未来や理想）から「現在のあり方」を考えられる青年期である。[11]『蝿の王』では救出に向けてそのような視点が必要とされるが、児童期的な現在だけでなく未来に目を向ける長期的視点をもつラーフたちは、集団から疎外されていく。一方『芽むしり仔撃ち』では、自分たちの「自由な王国」の建設にそのような視点は必要なかった。ただし『芽むしり仔撃ち』でも長期的な広い視点をもつ者が一人登場している。それは脱走した兵士であり、彼は現状を自由と感じている少年たちに「俺も君たちも、まだ自由じゃない。俺たちは閉じ込められている」と言う。自分が置かれた状況をその内側から、今という視点からしか見ない少年たちに、脱走兵はその状況が閉塞的なものにすぎないこと、国が降伏し戦争が終わった時はじめて自由になるのだと説く。しかし自分たちの自由な王国を建設した少年たちは（ジャックがラーフを嘲笑したように）「大人になった奴、大人になりかけの奴は始末におえない」と脱走兵を嘲笑するだけであり、外的社会から遮断されてのみ成立する自分たちの王国の閉鎖性や限界に気づかない。彼らの王国は戻ってきた村人たちによって脆くも壊され、連帯は解体してしまうのである。「今」「ここ」しか見ることができない少年たちが持続する確固とした連帯を作ることはむずかしいと思われる。しかし短期間であったとしても連帯できた『芽むしり仔撃ち』の少年たちはよき仲間関係を築き、一方連帯に失敗した『蝿の王』の少年たちは殺し合いになってしまうのである。

同じ発達段階にあるにもかかわらず、『芽むしり仔撃ち』の少年たちだけが連帯できた理由をまとめると次のように言えよう。第一に、彼らをめぐる状況全体が連帯を可能にしやすいものだったこと、第二は、彼らの資質、自我の成熟性である。第一の点に関しては、集団の目標あるいはそれを阻む敵や彼らが遂行する作業が次の条件を満たすような状況であった。（1）課題の認知的水準の適切性。少年たちは自分たちが何を望んでいるのか、それを阻むのは何なのかがはっきりわかった。集団の目標は具体的、短期的視点しかもてない少年たちにも見えるもので、彼らに直接的に切実に訴えるものだった。疾病という敵がいかに恐ろしいものなのか、その恐ろしさを彼らは実感できたし、もう一つの敵である村人の卑劣さも明確で、誰もが強い怒りを感じていた。（2）共有性。少年たち全員にとって集団の目標が自分の目標であり、皆の敵が自分の敵であった。彼らは緊急の事態に置かれそれを回避したいという必然的で非常に切実な欲求を共有し、そのために目標と敵を完全に共有していた。（3）生産性とつながりやすく、見えやすい成果。行動することによるフィードバックが得やすく、生産性とつながりやすい課題だった。死体を埋めるという作業、日々の糧を得る作業、村人との戦い、どれもやったことの成果が自分たちに実感できる作業だった。したがって少年たちに訴える力をもち、また目標を維持することが可能だった。（4）協力必要性。それらの課題は一人でなされる課題でなく、協力し相互に助け合い補いあうことによって達成される課題であった。

以上の状況的要因に加えて第二の要因、次のような集団の成員の資質が関与している。（5）集団の成員、特にリーダーの自我の成熟度。リーダーの主人公は前節でも述べたように乳幼児期からの発達課題をクリアし、基本的活力を十分に身につけており、少年として成熟した自我をもつ少年であった。（6）自立の経験とそれへの志向性の強さ。『芽むしり仔撃ち』の少年たちは大人社会に敵対する目的をもち敵対してきた感化院の少年であり、大人に頼らず自分たちでやっていこうという志向性とそのためのスキルをもっていた。『蝿の王』の少年たちが、それまで大人に従って生きてきた少年たちで、知的には優れているが、肉体的にも精神的にもひよわな少年であるのに対し、そうせざるをえない状況に置かれてそうなったにすぎないにしても、『芽むしり仔撃ち』の少年たちは結果的に大人のいない世界で、指導・統制されないで生きていく力を備えていた。そして少年たちの置かれた状況および目指す目標――救助を待つという大人への依存と、大人を排除するという目標――も、その傾向をさらに強めるように働いたのである。

6　大人の役割

大人から全く離れて集団活動を行なうことになった少年たちを描く2つの小説を分析し、連帯を規定する条件を考察してきたが、では連帯が不可能だった『蝿の王』の場合、大人からのどのような援助があればよかったのかの問いを通して、少年の集団活動に大人が果たす役割、生産性の経験を連帯につなげていくための大人による援助について考察する。

『芽むしり仔撃ち』では大人がいなくても適切な集団活動が行なわれており、少年たちの連帯には必ずしも大人の存在は必要ではないことが示されている。しかしそれは少年たちが彼らの発達水準でも連帯が可能な状況に置かれていたためであり、状況によっては『蝿の王』のようになってしまう可能性もあった。たとえば少年たちの目的がくいちがってしまったら、彼らは民主的に話し合うことなく分裂してしまっただろう。事実彼らは一度分裂の危機に曝されているが、その危機は集団の力ではなく外的要因によって避けられている。『蝿の王』の場合は、少年たちは本質的な目的に向かって連帯するのが困難な状況に置かれていた。そのような状況では状況を適切なものに変換し補う大人が必要とされる。

連帯を可能にする直接的な方法として、状況そのものを前節で述べた連帯のための条件に合うように変えることが考えられる。たとえば彼らの認知水準にあった目標や共有が可能な目標を導入する、協力し相互に助け合うことが必要な集団の課題をつけ加える等。目標が十分に理解、自覚化でき、目標実現の過程で目標に近づいているというフィードバックを得ることができれば、彼らは自発的に目標実現に向かうし、その目標が他者との協力を要請するものであれば連帯も可能になる。また『蝿の王』のように、生産性に直接結びつかない作業（救助される目標のために煙を出し続ける作業）が集団の目標達成に必要である場合は、大人が別の次元のフィードバック（たとえば成果がなくてもやり続けていることへの賞賛・励まし）を与えたり、あるいは彼らが何を目指しているのか目標達成の意味と、それに向けて現在の作業がどのような意味をもっているのかを、わかりやすく根気よく語ることによって、やる気を維持させることが必要である。学習の動機づけとして、内発的動機づけだけでなく外から与えられる認知的強化による動機づけ（意義や目標の教示、結果に対する承認等）の重要性も指摘されているが[12]、少年たちもそのような援助を他者・大人から受けることにより、行為そのものの効果のなさ（非生産性）に耐えて、遠い目標に向かって作業を続けることができると思われる。

現代の少年たちは、かつての少年たちに比べ仲間と連帯できないことが指摘されている。それは現代の状況が、連帯の条件を備えた『芽むしり仔撃ち』の状況とはほど遠く、『蝿の王』に近いためと思われる。何もしなくても一定程度楽しく過ごせる一般的状況の良好さ。皆で協力してはじめて達成されるような、しかも必然的で切実な共有目標をもてない状況。また自分たちをおびやかす、誰の目にもはっきりした強力な敵も見えない。そして自分が置かれている状況がつかみにくく、自分たちが目指す本来の目標が何なのか見えないし、自分が目標に向かって確かに進んでいるという実感ももちにくい現代社会の少年たち。かつての少年たちのように、自分たちの力、自発性によって連帯をもてる状況にない彼らに対し、大人は連帯できる状況になるよう補い、連帯に向かう彼らを支え、励ますような働きかけを行なう必要がある。

さらに適切な目標に向かう連帯を可能にするために、少年たちの相互作用が適切なものになるような援助をすることも必要である。第一に話し合いの場を確保するように働きかけねばならない。『蝿の王』では、当初はほら貝は特殊な力をもっていた。情勢が変わってきてジャックが力をもち始めても、その力は話し合いを破壊したり無化したりする程のものではなく、ラーフたちは自分たちの正当性を皆に納得させる機会をもっていた。しかしラーフの説得力のない不十分な発言のために、少年たちの心は決定的にラーフから離れ、それ以降理性的な話し合いの機会は失われてしまう。このような時、大人がラーフの意見を取り上げ支えることが必要であろう。集団の大勢に流されることなく、少数の意見も取り上げられ、理性的な話し合いにより合理的で正当な決定がなされるように配慮されねばならない。

第二に少年たちに彼らが置かれている状況を正しく理解させ、どう対処していったらいいのかを状況認識に基づいて考えさせることが必要である。短期的で狭い視点からしか状況を把握できない少年に対し、彼らの考え方の不十分な点、欠点に気づかせ、状況とこれから向かうべき目的をより高い認知水準でとらえることができるように導くのである。『蝿の王』の場合は、ラーフとピギーが状況を高い水準でとらえていた。しかし彼らは自分たちの考えを他の少年たちに伝えることができず、そのために少年たちの心が離れてしまうのである。このような場合、大人はラーフたちの考え方を明確化・補足し、彼らが自分の考えを十分に説明できるように援助することが必要である。『芽むしり仔撃ち』の場合連帯が達成されるが、その連帯は強圧的な外的社会によってあっという間に解体させられてしまうという限界があった。自分たちが置かれた状況をより広い枠組みから眺めることによりもたれる、集団内の仲間だけでなく外にまで広がりうる連帯、より大きな社会でも持ち続けることが可能な連帯ではなかった。そのような連帯を作るためには、少年たちの自治能力に任せておくだけでなく、大人が少年の目を社会に向けさせ、社会科学的な視点を示すことが必要と考えられる。

コールバーグは道徳的発達を促すためには、さまざまな視点や考え方に触れて自分の考え方の矛盾に気づき認知的葛藤を経験することが必要だとし、その具体的方法としてグループで討論する道徳教育のプログラムを提唱している。[13] そこにおける教師の役割として、(1) 誰もが自由に発言できるような雰囲気を作り、討論を保証し活性化すること、(2) 各自の考え方を明確化することを促し、不十分な点に気づかせること、(3) より高いレベルの考え方が出てきた時に、それを取り上げ注目させること等があげられている。大人の援助なしでも、そのような話し合いや経験がなされる場合もあるが、自由で平等な関係を維持し、また少数者がもつ高いレベルの考え方も取り入れて、よりよい連帯を作っていくためには、大人の援助が必要になることも多いと思われる。

注

児童期にあるのは少年だけではないが、エリクソン理論は基本的に男子についての理論であり、生産性課題は男子によりあてはまり、女子は児童期においても「達成」よりも対人的な「関係性」がより重要なことが指摘されている。[14] 本章で取り上げる小説も少年をめぐるものなので、「少年」と表記することとする。

6　罪悪感再考：4つの罪悪感をめぐって〈注1〉

――遠藤周作『沈黙』『死海のほとり』とユン・チアン『ワイルド・スワン』

1　はじめに

いじめ、無差別殺人、自己確認型の犯行がメディアを賑わし、自分の欲求満足しか考えず、他者への共感的な想像力が欠けている者、他人を傷つけても罪悪感（良心の痛み）を感じないような者がいることが危惧されている。また青少年の規範意識が稀薄化し、規範によっては逸脱を悪いと思わない傾向が指摘されている[1]。

社会の成員が規範を守り、それを逸脱した時には「悪いことをした」という罪悪感をもつことは、社会を成立させ維持する上で重要である。われわれは罪悪感をもつことによって社会的に望ましくない行動を抑制するし、また悪いことをしてしまった場合も行動を修正する気持ちをもつからである。

罪悪感は危害をもたらした人との間に生じた対人的亀裂を修復する行動や賠償的行動を動機づけるという意味で適応的機能をもち、さらに向社会的行動を動機づけることも指摘されている[2][3][4]。一方強い罪悪感をもつことが常に望ましいわけではなく、強い罪悪感をもつことが自己否定的な感情を引き起こし、抑うつなどの精神病理につながることも指摘されてきた[2][3]。

キリスト教社会である西欧では、罪悪感は神との間の問題で、個人の中に内面化された道徳規範を逸脱する時に生じるとする考えが強く、罪悪感を道徳規範を内面化した超自我に由来するとしたフロイトの精神分析理論を中心に検討されてきた。その後もさまざまな精神分析学者によってフロイトの罪悪感といくらか異なる罪悪感について論じられたりしている[5]。

一方実証的な心理学では、罪悪感は他者とのかかわりに関する重要な感情であるにもかかわらず、ほとんど取り上げられてこなかった。1960年代からコールバーグを中心に道徳性の研究が盛んになったが、道徳的認知や行動に焦点があり、罪悪感という形で取り上げられることはほとんどなかった。

近年、感情面の研究が盛んになると共に、1990年代から、ネガティブな感情の問題としてパーソナリティ心理学や発達心理学、社会心理学領域で罪悪感が取り上げられるようになり、対人的な文脈を重視した観点からの罪悪感の研究が増えている[6][7]。日本でも精神分析の観点からだけでなく、心理学者によってさまざまな尺度が構成されて実証的研究もなされるようになってきている[8][9][10][11]。

本章では、心理学でこれまで言及されてきた罪悪感が、何に対するものであるのかという認知の観点から分類し、伝統的な「道徳的基準から逸脱したことから感じられる自分を責める感情」にとどまらない幅広い罪悪感について、文学作品も引用しながら論じようと思う。

2 罪悪感についての主要理論

心理学関連領域で罪悪感を中心的に取り上げたのはフロイトの精神分析理論である。[12] フロイトは、罪悪感はエディプス期（3〜4歳頃）に形成されるとする。子どもはエディプス期になると、母親へリビドーを向け、母親を性的に独占している父親に攻撃衝動を抱き、それらのことにより父親から罰を受けるのではないかという不安（去勢不安）から成る観念複合体（エディプス・コンプレックス）を形成し、その危険な状態を解消するために、父親に同一視するとされている。そして父親への同一視により、倫理規範や社会常識を内面化した「超自我」が形成され、規範を逸脱しようとすると「罪悪感」を感じるようになる。フロイトの罪悪感とは規範を守らなかったことに対して父親から与えられる罰に対する恐れ、情緒的不安であり、子どもはそれをもつことにより父親がいなくても規範に従う社会化された存在になる。一方罪悪感が強すぎると神経症的になり、精神病理の原因にもなるとされる。

フロイトの罪悪感は父親から与えられる罰、自分に向けられる攻撃性が内面化されたものだが、クラインやウィニコットは乳児が母親に向ける攻撃性に由来する罪悪感の理論を展開した[5]。乳児は発達と共に「抑うつポジション」や「思いやりの段階」になり、充足を与えてくれるよい対象と欲求不満を引き起こす悪い対象が同一であることに気づいて、よい対象を攻撃したということで、フロイト理論よりも早期 ―― 乳児期 ―― から罪悪感をもつとした。古澤も子どもが母親に攻撃性を向ける中で経験される罪悪感を提唱し、阿闍世コンプレックスとした[13][14]。その他現実に他者を傷つけていないにもかかわらず、もたされてしまう、あるいは自らもってしまう罪悪感についても論じられている[10]。

社会的学習理論も、基本的にはフロイトと同様罰に対する恐れが逸脱行動を抑制すると考え、道徳的行動を条件づけによる内面化とモデリングによって説明し、罪悪感は「条件づけられた不安」だとする。その後のバンデュラ等の社会的認知理論では、状況をどう認知し行動の結果をどう予期するかという認知が重視され、自己観察と判断過程と自己反応が関係しあって道徳的行動がおこると考えられるようになっている[15]。罪悪感はこの過程の自己反応に関与していると考えられるが、それがどのようなものかという論議は見られない。

一方「道徳性の発達」を「罰に対する恐れの内面化が進み、罰がなくても従うようになること」とする考えとは異なる理論が、認知発達理論の観点から唱えられるようになる。認知発達理論は道徳性を合理的な認知の側面からとらえ、道徳や規範のとらえ方に関する発達段階論が提唱された。ピアジェ[16]の他律的道徳性では権威者から罰を与えられることが悪いことであるのに対し、自律的道徳性の者は相互の信頼を破ることを悪いことと考える。ピアジェはこれを罪悪感としては取り上げていないが、他律的道徳性では罰を受けるようなことをした時、自律的道徳性では相互の信頼を破るようなことをした時に罪悪感を感じると考えられる。コールバーグはピアジェ理論をより洗練化し、道徳性の6段階説を唱えた[17]。

コールバーグ[17]によれば、罪悪感のような道徳的感情の発達も認知の問題であり、どのくらい強く感じられるかではなく、認知発達に応じてどのような時にどのように感じられるかが異なるとされる。「罪悪感」は判断や行動に際して、何を避けるかの問題であり、各発達段階の定義は以下のようである。ステージ1では権威者に従わず罰を受けることが避けられており、これはフロイトの罪悪感と同様のものといえる。ステージ2では道具的・快楽主義的な損失を避けようとする（損をしないことが目指され、罪悪感はもたれない）。ステージ3では罪悪感は身近な他者の期待に従わず、よい関係を失うことへの不安であり、ステージ4は義務や責任を果たさない時に、また原則的水準（ステージ5、6）は自分の原則を守らない時に感じられ、それを避ける形で判断がなされる[18]。どのステージでも自分なりの正しさに合った行動をしようとし、それにもかかわらずそれに反する時に感じられる感情が罪悪感であるといえる。発達レベルにより何を正しいと考えるかが異なるため、具体的に感じられる状況は異なるが、自分のもつ正しさ、自分なりの原則を守らなかったゆえにもたれる負の感情、自責の感情という点では同じである。

コールバーグの発達理論では、自分の視点だけの狭い視点から正しさをとらえるあり方から、さまざまな視点を考えられるようになり、個々の視点や状況を統合した抽象的・形式的な見方へと発達は進んでいく。この理論では具体的な他者への共感や配慮から問題をとらえようとするあり方は低レベル ― ステージ3 ― とされてしまうということをギリガン[19]は批判した。そしてコールバーグの発達とは異なった発達の筋道があるとして、配慮の道徳性を提唱した。この道徳性では抽象的・形式的な判断ではなく、具体的な他者に配慮し、その要求に応じることが正しいことであると考えられる。他者の要求に応じること、他者を傷つけないことが志向され、そうしないことに対して罪悪感が感じられる。またホフマン[4]も共感の発達について研究を行ない、罰への恐怖や不安に基づく罪悪感とは異なる、共感に基づく罪悪感（自分が相手の苦痛の原因になっている時等に感じられる罪悪感）の理論化を進めた。そして他者に危害を加えた場合だけでなく、本人は悪いことをしていないのに感じられる傍観者や生存者の罪悪感も取り上げられている。

1990年代から盛んになった対人的アプローチでは、罪悪感は対人関係の結果であること、人の内部ではなく人々の間でおこる対人的現象としてとらえるようになり、関係性の中でもたれ共感に基づく罪悪感がしばしば取り上げられるようになっている。特に共にネガティブな感情である罪悪感と恥について、それぞれの下位尺度と精神病理的傾向やパーソナリティ特性との関連を検討する等、それらの類似性と異質性を検討する研究が盛んに行なわれており[7][8][20]、また罪悪感や良心の発達に関する研究等も行なわれている[4][6][21]。

3　4つの罪悪感

以上のレヴューでまず見えてくる罪悪感の対比は、（1）超自我に基づく罪悪感 対 関係性に基づく罪悪感、（2）自分がもつ正しさの枠からずれたことによる罪悪感 対 他者を傷つけたことによる罪悪感、（3）他者からの罰や批判を恐れる罪悪感 対 苦痛を被った者への共感に基づく罪悪感の区別である。これらの対比には、何に注目することによって罪悪感を感じるのか —— 自分に注目して感じるのか、それとも他者に注目するのか —— という認知の問題が関与していると思われる。本章では「何に対して罪悪感を感じるのか」 —— 「直接

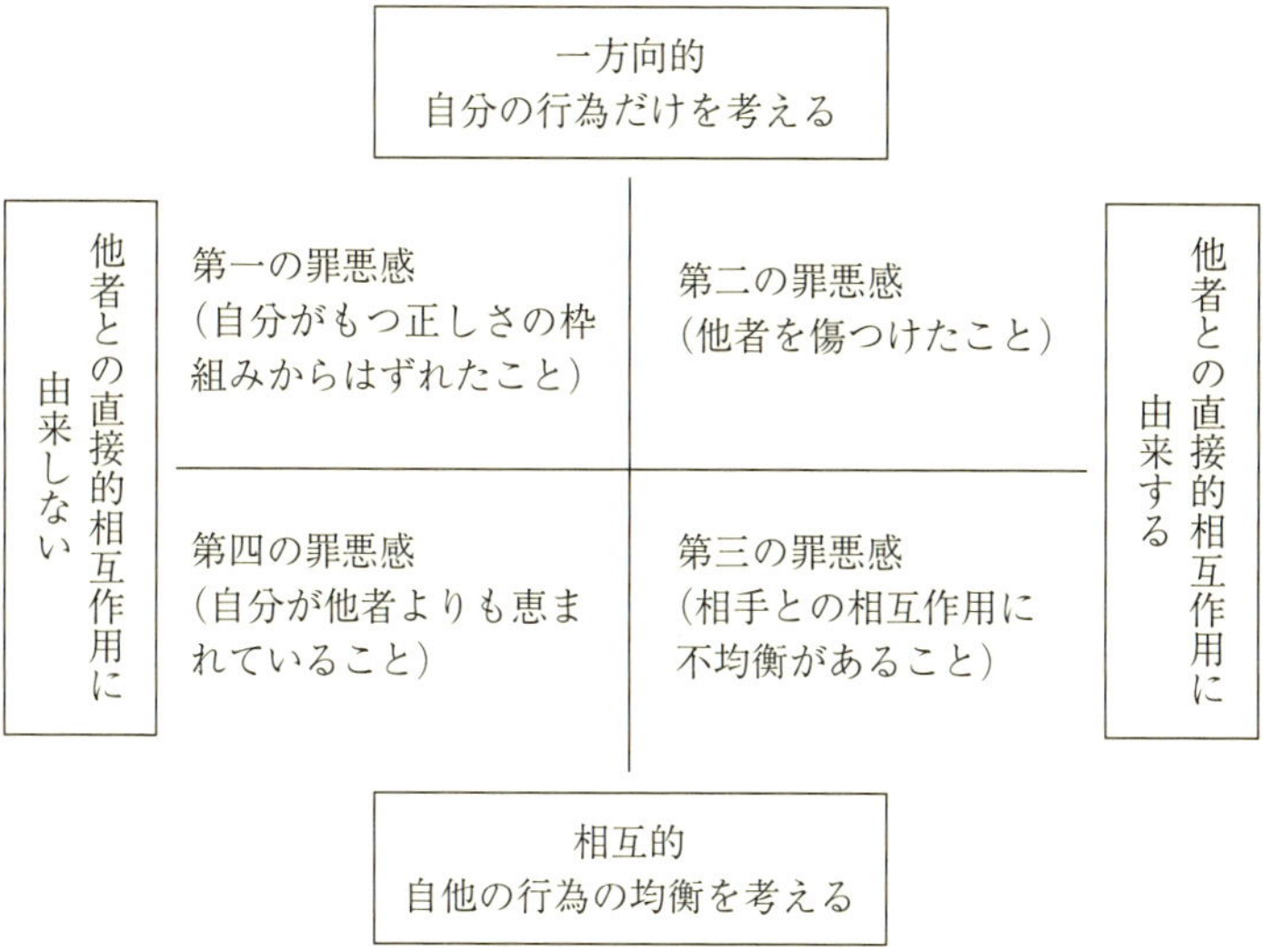

図　4つの罪悪感
（カッコ内は罪悪感が何に対してもたれるのか、およびその理由）

相互作用があった相手か」それとも「相互作用があった相手以外か」――を罪悪感を分類する第一の軸とする。さらに従来の罪悪感の研究ではほとんど言及されてこなかったが、「自分の行為だけを問題にして罪悪感をもつのか」それとも「自分の行為と他者の行為を比較してもたれるのか」を、第二の軸として設定した。この軸は、「一方向で自分の行為だけの問題か」と「相互的で他者の行為との比較が関与するか」の軸ということもできる。第二の軸の設定により、第三、第四のタイプが罪悪感として位置づけられ、罪悪感は図のような4つに分類された。

以下に4つの罪悪感について、文学作品等にも言及しながら論じる。

4　第一と第二の罪悪感

第一、第二の罪悪感は、2節のレヴューでも触れたように、まず第一の罪悪感が検討され、それに対する批判・オールターナティブとして第二の罪悪感が論じられるようになった。第一の罪悪感は「自分がしたこと」に焦点がある罪悪感で、「規範に照らして自分の行動は合っているか」を問う。フロイトの超自我は、自分が内面化した規範に照らし合わせて罰を与えられないかを考えるものだし、コールバーグの罪悪感もステージにより何を「悪いこと」と考えるかは異なるが（発達と共により抽象的・客観的なものの見方が可能になる）、「自分が考える正しさから見て悪いことをした」ことに伴う自責感である。その自責感は自分がしたことが他者や社会に対して何をもたらしたかを考えてもたれ、より広い視点から考えられるようになっていくが、焦点は「自分が考える正しさ」からずれてしまったことである。高レベルの者の罪悪感は、発達的に低いレベルにおける権威者からの罰への恐れや不安志向とは異なるが、「自分が考える正しさからずれること」への不安や恐れであるといえる。

それに対して第二の罪悪感は、「自分がした」ことよりも、その結果「傷つけてしまった相手」に焦点が向けられている。ギリガンの配慮の道徳性やホフマンの共感に基づく罪悪感は、「相手に与えた影響」に焦点があり、自分が相手を傷つけたこと、相手の期待や気持ちに応じられなかったことに対して感じられる。そこには相手への共感、相手の気持ちが介在している。精神分析理論における関係性に基づく罪悪感も、乳児期の原初的な罪悪感であり、相手の期待や気持ちを現実的に考えているわけではないが、自分の攻撃が相手に及ぼす被害に注目しているといえる。（ただし第二の罪悪感が対人的なものであることは、他者との関係においてもたれるということとイコールではない。神との関係において罪悪感がもたれる西欧とは違って、日本では他者との関係においてもたれやすいことが指摘されてきたが（古くはベネディクト[22]、実証的には山岸[18]）、たとえば他者の目や世間体、「義理と人情」に反することで感じられる罪悪感は「自分が考える正しさ」（自分のもつ原則）からずれているためであり、自分の行為が影響を及ぼした対象に対してもたれているわけではない。）

ギリガンは配慮の道徳性を「女性の道徳性」として取り上げ、それはコールバーグの「男性」の発達理論では低レベル（ステージ3）とされるが、別の発達過程なのだとした[19]。配慮の道徳性をもつ人は、コールバーグの仮説的葛藤場面でも何が正しいかを考えて公正な解決を目指すのではなく、当事者それぞれの事情を気遣い、一人ひとりの期待や気持ちに応じることに志向し、現実的な場面では自分が関係をもっている他者に配慮し傷つけないことを判断の基準にする。彼らは自分の行動が相手を傷つけたり、自分が応ずる責任をもっているのに応じないために相手を傷つけてしまうことを避けるのである。

ギリガンは2つの道徳性をジェンダーと関連するものとして提唱し、大きな話題になった（ただし、道徳性とジェンダーとの関連に関する実証的研究は、どちらを使いやすいかに関してジェンダーの関与が見られるが、男女共に両方を使うこと、問題によってどちらを使うかが異なることを示している)[23][24]。

2つの道徳性・罪悪感は文学作品の中でも対照的な形で記述されているので、以下に例を2つあげてみる。第一は男女の道徳性として、第二は一人の人が状況によって変わることが描かれている。

ユン・チアンの『ワイルド・スワン』[25]は、中国人女性による自伝的な小説で、1900年代の中国の激動の歴史・政局のもと、父母が共産党幹部だった著者一家がいかに生きたのかを中心に、文化大革命という名の権力闘争の恐ろしさ、下劣さを描き、世界中でベストセラーになった。毛沢東による文化大革命は、略奪・文化財破壊・暴行を常態化させ、「嫉妬や怨恨を煽り、倫理も正義もない憎悪だけの社会を作り上げた」と著者は記すが、そのような状況で、優秀で誠実な両親も批判され、苛酷な迫害を受けることになる。

父親が文化大革命の破壊について毛沢東に手紙を書く決心をする時に、父母が以下のようなやりととりをする場面がある。

父「他に何ができる？　僕はどうしても言わなければならない。何か効果があるかもしれない。いや、たとえ何も期待できないとしても、僕は自分の良心にかけて、言わなければならない」

母「そんなに良心が大切なの？　子どもたちよりも？　あの子たちが「黒5類」になってもいいのですか？」

長い沈黙があった。ややためらいがちに父が口をひらいた。

「僕は離婚して、きみに子どもたちを育ててもらうしかないだろうね」（下巻 p.106）[25]

父親は、自分の原則を守り、普遍的に正しいと思われることを貫こうとする。彼は社会全体に公正さを実現させるために、破壊的な文化大革命を誰かが食い止めねばならないという信念をもって、たとえうまくいかないとしても、自分が迫害を受けることになっても行動しようとする。子どもに害を与えないために、離婚してまで正しいことを貫くという強い信念が表明されている。それに対して母親は、子どもへの影響を第一に考え、その状況で現実的に最良な方法を考えようとする。自分の原則を守ることではなく、直接自分が責任を担っている者への配慮と責任に基づいて、現実的に子どもたちが迫害されないような判断をしようとしている。ここでは2つの道徳性がジェンダーと関連しており、ギリガンの仮説にあった記述である。

遠藤周作の『沈黙』[26]でも、2つの道徳性・罪悪感の対立がドラマティックに描かれている。キリシタン禁圧の時代の踏絵をめぐる物語で、ポルトガルの司祭と日本の農民や役人が登場する。司祭たちは布教に人生をかけ、神への信仰＝自分のもつ原則に則った行動をして、何があっても信仰を守り、踏絵を踏まない。ところが崇拝されていたフェレイラ司祭が転び、やがて主人公のロドリゴ司祭も転ぶ。彼らは弱さから拷問に負けて転び、その後は日本名をもらい日本人の妻を与えられ、挫折した者として生きたことが歴史書には記されている。彼らはキリストの教えを伝えるという自らの使命を捨て去っただけでなく、以後の日本への布教をも不可能にしてしまった。その行為は神への裏切りだったととらえられている。

しかし彼らが転んだのは弱さからではなく、自分が転ばないために拷問を受け続ける農民を救うためであったということを、著者は描いている。つまりキリスト教の布教という正しさの実現から、自分の行動ゆえに苦しめられている人に対する責任を取ることへと目指すものが変化し、普遍的な価値を追っていた高レベルの者が、それを棄てて具体的な他者の期待に従う行動、他者を傷つけることを避ける行動を選んだのである。

彼らが踏絵を踏む時、次のようなキリストの声を聞く。

「踏むがいい。お前の足の痛さをこの私が一番よく知っている。踏むがいい。私はお前たちに踏まれるため、この世に生まれ、お前たちの痛さを分かつため十字架を背負ったのだ。」(p.268)[26]

この言葉は神への信仰＝自分のもつ原則を守る行動だけでなく、結果的に神を裏切ることになっても具体的な他者を配慮する行動を、神は認めていることの記述であると思われる。ギリガンは女性の判断は低レベルではなく、別の発達経路なのだとしたが、遠藤周作も歴史に残るようなヒロイックな強い行動ではなく、歴史に埋もれてしまったもう一つの声を取り上げ、それが棄教という低レベルのあり方なのではなく、新たな信仰という異なった高レベルのあり方であることを描いたと考えられる。

この小説では、コールバーグ流とギリガン流の判断を下すのは男女という違いによるのではなく、一人の人間が両方の志向をもち、状況によってどちらを使うかが変わることが示されている。つまり状況によってはコールバーグ流の道徳性をもつ者もギリガン流の判断をするようになること、そして男性中心主義的な見方ではそれは挫折であり、発達の退行ととらえられるが、正しさのとらえ方・罪悪感のもたれ方の違いであり、信仰を守って踏まなかった司祭は第一の罪悪感、農民を苦しみから救うために踏絵を踏んだ司祭は第二の罪悪感と関連した行動をとったといえる。

5　第三の罪悪感

罪悪感をもった場合、われわれは償いの行為をすることにより、罪悪感を解消しようとする。危害を与えた相手に謝ったり償いの行為をしたりし、対神の場合は懺悔や告白をすることによって許しを得ようとし、あるいは向社会的行動をすることが指摘されている。これは、自分が悪いことをしたという不均衡を何とか修正しようとする試みといえる。

そのような不均衡が相手との相互作用において生じたままになっている時に感じられる罪悪感が、第三の罪悪感である。これは相手を傷つけたというようなことだけでなく、お互いのやりとりにおいて、相手はよきものを得ていないのに私は得ているというようにバランスがとれていないことの居心地の悪さや、相手がやってくれたのに、こちらはやっていない、交換性や相互性が損なわれているという不均衡に際して感じられる。そのような心理的負債感がある時にも、われわれは負い目を感じて、謝ったり償い行動をしたりする。

有光[9]の尺度の一つである「他者への負い目」、たとえば「相手の好意を無駄にした時」「自分のわがままを相手が受け入れてくれた時」に生じる罪悪感もこれにあたると考えられる。相川・吉森[27]の心理的負債感尺度も似たところがあるが、この尺度は返す義務を感じるかどうかであり、罪悪感とは少しニュアンスが異なっている。

自他の相互作用に不均衡がある時にもたれる罪悪感の典型が、阿闍世コンプレックス[13][14]である。父性原理の思想から発案されたエディプス・コンプレックスに代わる日本人固有のものとして古澤により提唱されたが、当時フロイトからは全く顧みられず、後に小此木[13]や小此木・北山[14]により取り上げられた。阿闍世コンプレックスは、エディプスコンプレックスが父・子間の葛藤であったのに対し、母・

子の二者関係における葛藤が引き起こす罪悪感であり、その機制は全く異なっている。阿闍世は自分を産む前の母親の利己的な行動に対して憎悪をもち、父王を殺し母も殺そうとするが、大臣の制止により母を殺すことは思いとどまる。その罪悪感から重い病気になるが、母親の献身により回復し、懺悔し救いを得るという仏教の説話である。阿闍世は母親を憎悪し、殺そうとしたにもかかわらず、母親はそれを許し献身的に尽くしてくれ、自分の許されないような悪い行為（優しい母親への憎悪や攻撃）は許されてしまうのである。その事によって子どもの内面に〝母親に申し訳ない〟という気持ちが生じ、以後そのようなことはすまいという抑制も働き、エディプス・コンプレックスとは異なった形で規範の内面化につながると考えられている。

このような自他の相互作用の不均衡に基づく罪悪感は、内観療法[28][29]にも見られる。内観療法は日本で独自に発展した心理療法で、母親等の特定の他者に対して過去自分はどうであったかを次の3つの観点、（1）していただいたこと、（2）して返したこと、（3）迷惑をかけたこと、から内省させるものである。その結果多くの者は自分が多くのことをしてもらい迷惑をかけてきたのに、何も返していないことに気づくという。そして多くのことをしてもらってきたことに感謝の念をいだき、そのことに気づかず、またそれに対して返していない（こんなに世話をしてもらったのに、恩を仇で返していた）ことに気づいて自責感をもつとされる。内観を通して自覚した自他の相互作用の不均衡からもたれる罪悪感や他者から受けた愛に気づくことが、その人のものの見方や行動を変えると考えられる。

遠藤周作は、西欧と日本の宗教風土の異質性を主要なテーマとした作家であるが、『死海のほとり』[30]

や『イエスの生涯[31]』には、第三の罪悪感に相当するものが描かれているように思われる。これらの作品で、彼は独特のイエス像を描いている。群衆は奇跡を求めるが、イエスは何もできず、苦しむ者のそばにいて共に苦しむだけであった。

　イエスは言う「私はあなたの病気を治すことはできない。でも私は、その苦しみを一緒に背負いたい。今夜も、明日の夜も、その次の夜も・・・。あなたがつらい時、私はあなたのつらさを背負いたい。」(p.257[30])

　そのようにイエスは人々の苦しみに寄り添うが、群衆は救世主であるはずのイエスが現実に無力であることに失望し、怒り、彼を見捨てて十字架に架けることに加担してしまう。人々の苦しみに寄り添ってきたイエスは十字架上で人々への愛のために苦しい惨めな死を遂げる。自分たちを愛してくれたのに自分たちは裏切ってしまった、自分たちのためにイエスはつらい死を遂げた、その罪悪感から、人々はイエスを忘れられなくなる。臆病で卑怯だった弟子たちは、イエスの教えを伝える強き伝道師になり、群衆もイエスに帰依するようになったというのが、遠藤周作の解釈である。

　イエスとのやりとりの不均衡が罪悪感を引き起こしている例を2箇所あげてみる。

　病気で苦しんでいた時、昼も夜もそばから立ち去らず世話をし「そばにいる。あなたは一人ではない」

と言ってくれたイエスに対して、アルパヨは自責の念にかられて思う。「あの人は、お前を一度も棄てなかった。だがお前は、あの人を棄てようとしている。」(p.314)[30]

「私はお前を忘れることができるぞ」と言ったピラトにイエスは答える。「あなたは忘れないでしょう。私が一度、その人の人生を横切ったならば、その人は忘れないでしょう。」「なぜ」「私が、その人をいつまでも愛するからです。」(p.211)[30]

ピラトがそのように言う背後には、出世のために母を見捨てた思いがある。女中をして苦労して育ててくれた母なのだが、ピラトは出世のために育ちを隠す。そのピラトを哀しそうに見つめていた母の目を彼は忘れられない。自分が棄てようとしていることを責めず、ただ哀しく見ている母の姿がイエスと重なっている。

西欧の神が父性的であるのに対し、遠藤周作の信仰は母性的とされるが、父性が子どもの行動に応じた対処をするのに対して、母性は子どもが何をしても受容し子どもを包み込む。[32]一人の自律した個として相応のフィードバックを返すのではなく、子どもの行動がどうであろうと常に受容し与え続ける「母なるもの」は、相互作用において均衡を求めないが、その不均衡が子どもに罪悪感を感じさせると考えられる。山村は日本人の母性の機能の一つとして、「罪悪感としての母性」をあげている。[33]なお第三の罪悪感としてあげた例は、阿闍世コンプレックス、内観法とも日本で提唱されたものであり、遠藤周作の文学作品も西欧とは異なったイエス像を描いており、日本人にもたれやすい罪悪感である可能性が考えられる。

以上のように第三の罪悪感は、自分と他者の間でやりとりがあり、自分は相手を傷つけたのに何も言われずに許される、自分は愛さないが相手は愛し続ける、自分は相手を棄てたのに相手は私を棄てないというような不均衡 ―― 返報性の不均衡 ―― があり、それによってもたらされるものといえる。

6 第四の罪悪感

以上の罪悪感は、何らかの逸脱行為や相手を傷つける行為をし、そのことで自分に非を感じているのだが、そのような行為がないにもかかわらず罪悪感をもつことが指摘されている。バウマイスターたちは[2]レヴューで、アウシュビッツやヒロシマの生存者がもつ罪悪感に言及し、明白な不平等(positive inequality)が罪悪感を引き起こすとしている。人は行為の結果を公平に扱われることを好み、自分の得るものが少ない場合は怒りや妬みを感じ、多い場合に罪悪感を感じることがあるとする。リフトン[34]は広島の生存者や、ベトナム戦争の退役軍人に関する研究で、「自分の生命は別の人の生命を犠牲にして得られた、他の人が死んだがゆえに自分は生き残ったという考え方」について述べている。

岡野[35]は、罪悪感を次のように定義している。「罪悪感とは、自分が存在していることや自分が行なった行為のために、自分が他人よりも多くの満足体験をもったり、他人が自分より多くの苦痛体験をもつことにより引き起こされる苦痛の感覚である。」オコナーたち[20]の他者を傷つけてしまったのではないかという罪悪感の一部にも、他者の満足との比較からもたれる罪悪感が見られる。

ホフマン[4]も、自然災害や戦争、事故等で生き残った場合に、「なぜ彼は死んだのに、自分は生きているのか」と感じる「生存者の罪悪感」(survivor guilt)〈注2〉や、「豊かさについての罪悪感」「相対的に有利な立場についての罪悪感」――自分たちの恵まれた生活と他者の豊かでない生活との違いに気づいてもたれる罪悪感――をあげている。後者の例として、1960年代の公民権運動の活動家たちがあげられている。

これらの罪悪感が本稿における第四の罪悪感に該当する。第四の罪悪感は第三の罪悪感と同様、自他の行為に不均衡を感じる時に感じられるもので、自分の行為(あるいはそれが及ぼす相手への影響)だけでなく、自分の行為と他者の行為との比較が関与しており、自他の行為を第三の観点から客観的に比べた上でもたれる感覚である。自他の行為に不均衡を感じるのは、(1)自分と他者が相互作用をもっていて、そこに不均衡がある場合、および、(2)自分と他者が第三のものと関係をもっていて、それらの関係に不均衡がある場合、が考えられるが、(1)が第三の罪悪感、(2)が第四の罪悪感である。第四の罪悪感とは「自他双方が他の何かと関係をもつが、その関係が不均衡で自分の方が不当に有利である時」に感じられる。自他は相互作用をもっている必要はなく、身近な人から関係をもたない人、抽象的な人まで含まれる。大西[10]の「利益過剰」やオコナーたち[20]の「生存の罪悪感」の質問項目で測られるものは、この罪悪感に近いと考えられる（たとえば「自分ばかりよくしてもらっているようで、他の人に対して申し訳なく思う」「貧しい人を見ると動揺する」）。

日本の実例としては、神谷美恵子の有名な詩がある。

「なぜ私たちでなくてあなたが？　あなたは代わって下さったのだ、代わって人としてあらゆるものを奪われ、地獄の責苦を悩みぬいて下さったのだ。許して下さい、らい者よ・・・。」(p.138)[36]

また裕福な地主の家に生まれた太宰治や有島武郎が、青年期になって貧しい暮らしをしている者たちがいることを知って罪悪感をもったと言われているし、学生運動の活動家たちの動機の一つは、貧しい者、弱い者に比べて自分が特権的な立場にあることからくる罪悪感であり、左翼党派は学生のプチブル・インテリの罪悪感を巧みに衝いて、学生運動に引き込んだという指摘がなされているが[37][38]、それらは第四の罪悪感といえる。

本章では、心理学における罪悪感についての主要理論のレヴューを行ない、これまで言及されてきた罪悪感が、何に対するものであるかの観点から大きく2つに分類されること、さらに新たな第二の観点を導入することにより第三、第四の罪悪感が見えてくることを示した。罪悪感として取り上げられることが多い第二の罪悪感と、まだ罪悪感として取り上げられることが少ない第三の罪悪感を中心に、それらが心理学の中でどのようにとらえられ、文学作品の中でどのように描かれているのかを示した。そして第三の罪悪感は、阿闍世コンプレックス、内観法とも日本で提唱されたものであり、遠藤周作の文学作品も西欧とは異なったイエス像を描いたものであることから、日本人にもたれやすいものである可能性が指摘された。第三、第四の罪悪感についての心理学的な実証研究はまだほとんど見られないが、それらがいつ頃からもたれるようになり、どのようにして発達していくのか、どのような経験がそれをもたらすのか、他の罪悪感との関連はどうであるか等、文化の問題を含めて考えていくことが必要と考える。

注

1　本稿は罪悪感の論文（「罪悪感再考 ―― 四つの罪悪感をめぐって」『医療看護研究』6, 64-71, 2010）の第一、第二の罪悪感の説明に、道徳性とジェンダーの論文（「道徳性発達とジェンダーの問題 ―― Kohlberg & Gilligan 理論再考」『順天堂スポーツ健康科学研究』14, 449-456, 2010）を組み入れてまとめ直したものである。

2　日本でも1995年の阪神大震災や2005年のJR福知山線脱線事故を契機に「生存者の罪悪感」が言われるようになり。[39] 2011年の東日本大震災時の報道等でも頻繁に使われていた。しかし、自然災害や戦争、事故等で生き残ってもたれる「生存者の罪悪感」は、PTSD（心的外傷後ストレス症候群）の一種であり、何もできなかった無力感を回復させようとしてもたれるという見解もあり、[40]

ここでいう不均衡からの罪悪感とは異なる可能性もある。

7 罪悪感と日本の国語教科書
——夏目漱石『こころ』、森鷗外『舞姫』、芥川龍之介『羅生門』、新美南吉『ごんぎつね』

1 はじめに

文化や国によって、そこで生きる人々の価値観や行動様式が異なることについてはさまざまな学問領域で研究されているが、文化差を見る一つの方法として国語教科書を分析し比較するものがある。国語教科書は、国語教育の目標である「国語を適切に表現し正確に理解する能力の育成」「読む能力を身につけさせる」（学習指導要領解説[1]）ための教材であるが、登場人物の行動や心理、状況の展開、あるいは著者の考え等を述べるものであるため、大人・社会が伝えたい価値観や発達期待が入りやすいことが指摘されている[2][3][4]。教科書は他の本と違って、全ての子どもが教育現場で読むという意味で影響力が強く、国語教科書はその国・社会の価値観や行動様式を次世代に伝達する役割も担っている。「国語教育が道徳教育と関係する」という論議は古くからなされており（たとえば稲田[5]）、また国語教科書が子どもたちに何を伝えているかを検討する研究（たとえば戦前から戦時下、戦後に至るまでの歴史的検討を行なった唐澤[6]）や、他国の国語教科書と比較することによって成員がもつ価値観や発達期待を分析する研究がなされている（今井[2]、塘[4][7][8][9]、二宮等）。

本章では、まず他国と比べた日本の国語教科書の特徴を述べる。そして教科書の定番とされているものがそのような日本の文化的特徴をもつだけでなく、罪悪感とも関連していると指摘する研究を紹介する。そして国語教科書の定番と6章で論じた日本人の罪悪感のあり方との関連について考察を行なう。6章では日本で特徴的に見られる罪悪感が日本で考えられた心理学の理論や日本の文学作品に見られることを論じたが、教科書の定番にもその影響が見られることを論じる。

2 日本の国語教科書の特徴

従来の研究で日本の国語教科書には次のような特徴があることが指摘されている。

今井[2]は小学生用の教科書に採録された文学作品（題材）について、アメリカ209編と日本211編の内容を分析し、アメリカの特徴は「個性的で強い個人」、日本は「優しい一員」が描かれているとしている。日本の教科書は温かい人間関係が非常に多い一方、アメリカでは温かい人間関係だけでなく、緊張感のある人間関係も多く、日本ではほとんど見られない自立心や自己主張、強い意志、創造性や個性を描くものも多い。アメリカで見られる公正、反対に日本で見られる自己犠牲は、各々日本とアメリカでは全く見られないこと等も指摘されている。本章でも以下で取り上げる小学4年生の定番『ごんぎつね』は、いたずらをしたごんが兵十への償いとしてせっせと栗や松茸を運ぶのに、そのことを知らない兵十に撃たれて死んでしまう話だが、ごんぎつねの心の優しさが描かれ、また兵十への想いが報われず「自己犠牲」的に死んでいくため、「温かい人間関係」「自己犠牲」の両方にカウントされている。また日本の教科書には戦争や主人公の死など深刻な題材も一割ほど見られるが、深刻な状況をそのまま受け入れ、その中で悲しみに耐えたり、自分を犠牲にしたり、心の平安を求めたりして、素直なよい子に育っていくところに特徴があり、それに対してアメリカでは、創意工夫しチャレンジしながら生きていこうとする主人公が描かれているとしている。

府川[10]はイギリスで人気のあるきつねが主人公のお話『ハーキン』と『ごんぎつね』を比較した井上[11]の分析（前人未踏の分野を切り開こうとする果敢な精神をもつ「ハーキン」対 自分が理解してもらえれば死んでも本望な「ごん」）や、上述の今井の分析を受けて、深刻で内向き、求道的・自己犠牲的で優しい『ごんぎつね』は、日本人好みの教材であるとしている。

塘[7]の小学校の国語教科書の日英比較においても、日本では親子間で明確な意見表明が少なく、気持ちに訴えたり相互に気遣う言動が多いことが指摘されている。主人公が他者と対立した時にどのように葛藤処理をするかの一連の研究によれば[4][8]、欧州3ヵ国（英・独・仏）と中国、台湾では自分のやり方を最後まで通す「自己一貫型」が多い一方、日本と韓国は相手の意見や周囲の状況に合わせる「自己変容型」が多い傾向が見られた。また葛藤処理の方略に関して日本では「無邪気な信頼性による回避方略」、中国では「徹底的な正面対決方略」が特徴的に見られ、そこに各国の「いい子像」が表れているとしている。

日本の自己のあり方は、西欧が「相互独立的自己観」であるのに対して「相互協調的自己観」とされ、他者との関係の中に自己があることが重視されるが、日本の国語教科書は以上のように、温かい人間関係やまわりの人との調和を目指す主人公が登場する教材が多く、大人・社会が国語教科書を通して日本の文化的特徴に沿った価値観や発達期待を提示しようとしているといえる。

3　日本の国語教科書の定番と罪悪感

国語教科書が大人・社会の価値観や発達期待を伝えるだけでなく、より積極的に道徳教育として子どもに「〜はやってはいけない」というメッセージを伝えていることを指摘する研究者もいる。石原[3]は国語教育を道徳教育ととらえて国語教科書の内容分析をしているが、その中で高校教科書の定番である『羅生門』『山月記』『こころ』『舞姫』を取り上げ、これらはどれもエゴイズムの問題が関係していることを指摘している。『羅生門』の下人は生きるために盗みをするどうかの葛藤の後、盗むことを選択するし、『山月記』は主人公が自分の詩作のために家族も顧みないようなエゴイズムと虚栄心のせいで虎に変身してしまっている。『こころ』の主人公は自分のエゴイズムが友人を自殺に追いやったことに苦しみ、『舞姫』は恋人に精神的破綻をもたらしながら出世する主人公が描かれているが、共通してエゴイズムは人間として正しくないというメッセージが伝わるとしている。石原は罪悪感という言葉は使っていないが、罪悪感の一つの原因になりうるエゴイズムが頻繁に取り上げられており、その罪悪感は他者との関係のもち方と関係していると考えられる。

野中[12]は、戦前については橋本[13]の調査、戦後については阿武[14]のデータベースに基づいて戦前と戦後で教科書に載る文豪の作品が大きく変わったことを指摘し、それが敗戦後の日本人の心理と関係し、その後の競争社会とも関連していることを論じている。採録作品が大きく変わったのは、漱石・鴎外・芥川である。

漱石に関しては『こころ』が１９５６年にはじめて教材化され（上の一部）、１９６３年に『下先生と遺書』の一節が採録されてから、今日にいたるまで突出した採録数を誇る定番教材として君臨し続けているが、戦前は様相が大きく異なり、『こころ』の採録は全くなかったとのことである。『草枕』４０７回『我が輩は猫である』１９５回が多く、その他『坊ちゃん』『倫敦塔』『虞美人草』等、ありとあらゆるものが教材化されているが、『こころ』は０回であった。

鴎外に関しても、戦前多かったのは『山椒大夫』95回、『高瀬舟』85回であり、『舞姫』は０回だったのに、戦後になると『舞姫』が１２８回と一番に躍り出る（二番は『高瀬舟』34回である）。

芥川は戦前は『戯作三昧』77回、『蜘蛛の糸』76回、『羅生門』60回、『手巾』32回であった。芥川の場合は『羅生門』は戦前も使われていたが、戦後は134回と他を抜いて一番になっている（二番は『鼻』40回）。しかも『こころ』『舞姫』がはじめて（『羅生門』は戦後はじめて）採録されたのはどれも1956年で、そしてあっという間に突出した採録数となり、その後教科書の定番教材であり続けている。

野中[12]はこの3つの作品に共通するテーマは「生き残りの罪障感」つまり「死者の犠牲を足場にして生きることで無垢性が損なわれ、汚れを抱え込んでしまった生者の罪障感」であるとしている。自殺してしまう先生、恋人を精神病に追いやってしまうエリート官僚、死人から髪の毛を奪う老婆から衣服を奪い死の側へ追いやった下人、彼らの心性は「戦争で多くの人が亡くなったのに自分は生きている」という日本人にもたれた「生き残りの罪障感」につながるものであると指摘している。さらに一流企業に就職して体制側になっていく元学生活動家や、競争社会を勝ち抜いて生きている人々も、体制側にならなかったかつての仲間に対してそのような罪障感をもっているのだろうと述べられている。定番教材誕生の背後にあるのは、そのような敗戦後の日本人が抱える心の問題であり、それが教科書編集者や国語教員の支持を得て定番教材になっているとしている。

さらに『ごんぎつね』『夕鶴』『高瀬舟』も「悲しい最期を迎える死者と汚れを抱えて残された生者」の話として取り上げられている。ただし『夕鶴』と『高瀬舟』は必ずしも罪悪感の問題ではないと考えられる――『夕鶴』の主人公が感じているのは罪悪感よりも「つう」がいなくなるような行動を自分がしたことへの後悔であり、『高瀬舟』の主人公も、弟を安楽死させたことを後悔したり罪悪感を感じたりしていないと思われる――ため、本章の以下の論議では『ごんぎつね』だけを取り上げる。

4　4つの罪悪感と日本人の罪悪感

6章で罪悪感が何に対してもたれるかに関して、「自分がもつ正しさの枠からはずれたことによる罪悪感」（第一の罪悪感）と、「他者を傷つけたことによる罪悪感」（第二の罪悪感）があり、心理学の研究は第一の罪悪感から始まったが、第二の罪悪感もあることが指摘され、1990年代から対人的な罪悪感の研究が盛んになったことを述べた。第一の罪悪感は「自分がしたこと」に焦点があり「規範に照らして自分の行動は合っているか」を問うもので、フロイトの超自我やコールバーグの公正さの道徳性のステージの多くが該当する。一方第二の罪悪感は「自分がした行動そのもの」よりもその結果「傷つけてしまった他者」に焦点があり、自分が相手を傷つけたこと、相手の期待や気持ちに応じられなかったことに関して感じられるもので、ギリガンの配慮の道徳性やホフマンの共感性に基づく罪悪感、バウマイスターたちの対人的アプローチが該当する。この2つの罪悪感・道徳性のあり方はジェンダーや文化との関連が指摘され、第二の罪悪感は男性に比べて女性、西欧社会よりも相互協調的自己観をもつ日本でもたれやすいことが論じられてきた（詳しくは山岸[15]参照）。

さらに6章では自分の行為だけを問題にして罪悪感をもつのか、自分の行為と他者の行為を比較してもつのかを第二の軸として設定し、罪悪感は4つに分類された。第一、第二の罪悪感は自分の行為だけを問題にしているのに対し、第三、第四では自他の行為の比較がなされ、第三の罪悪感は相手との間にもたれた相互作用で不均衡が生じ、それが解消されない時にもたれる（たとえば相互作用の結果として相手が得ているものと自分が得ているものが違ったり、相手がやってくれたのにこちらはやっていないというような不均衡がある）。第四の罪悪感は相互作用をもっていない者と自分を比較した時に不均衡があり、自分が恵まれていることで感じられる罪悪感（自然災害や戦争、事故等で生き残った場合に「なぜあの人たちは死んだのに、自分は生きているのか」と感じたり、自分の恵まれた生活と他者の豊かでない生活との違いに気づいてもたれる罪悪感）である。リフトン[16]が広島の生存者やベトナム戦争の退役軍人の研究で言及し、最近ではホフマン等[17]によって取り上げられている。日本でも阪神大震災（1995年）や福知山線の脱線事故（2005年）、東日本大震災（2011年）等で「生存者の罪悪感」として取り上げられるようになっている。

第三の罪悪感に関しては、罪悪感の研究で該当するものはほとんどなく、わずかに日本において実証科学ではない領域で言及されている（6章参照）。それは自分が他者を傷つけたり悪事を働いたのに、自分は償わず、相手もそれを責めたり仕返しをして不均衡を解消しようとせず、反対に許されてしまった時にもたれる罪悪感である。それに該当するものが阿闍世コンプレックスや内観療法に見られることを6章で指摘した。阿闍世は母を恨み殺そうとしたのに、母は咎めず病気になった自分を手篤く看病してくれた。内観療法も世話になり迷惑をかけたのに、自分は相手に何も返さず、相手はそれを許し配慮し続けてくれていることに気づかせる療法である。また西欧とは異なったイエス像を描いた遠藤周作の小説にも、そのような不均衡が印象的に描かれている。キリストが十字架にかけられることに加担してしまった弟子や群衆はキリストを見捨てて裏切ったという思いをもつが、キリストは彼らを許し愛してくれる。その不均衡が罪悪感となり、信仰につながったことが描かれている。阿闍世コンプレックスや内観療法は日本で独自に提唱された理論であり、遠藤周作の小説も日本では広く読まれており、第三の罪悪感は日本人には理解されやすく、もたれやすい可能性が指摘された。

5　4つの罪悪感と日本の国語教科書における罪悪感

3節で『こころ』『舞姫』『羅生門』は石原[3]と野中[12]が共に罪悪感と関連するものとして取り上げていること、野中はそれらを「生き残りの罪障感」としていることを述べた。

確かに相手は死んだ（あるいは死に近い状況に置かれている）のに、自分は生きているという状況に主人公は置かれている。その主人公がもつ罪悪感は『こころ』において最も明白である。『こころ』では、主人公の先生は友人Kに恋を打ち明けられていたのに、出し抜いて自分がプロポーズして、K

を自死させてしまう。先生は望み通り結婚するが、罪悪感に苛まれ最終的に自死する。『舞姫』では主人公は自分の出世のために恋人を捨ててしまう。恋人は死にはしないが、精神的に破綻してしまう。『羅生門』では下人は混乱の中、生きるために老婆（彼女も死人から髪の毛を奪っているのだが）から衣服を奪って去っていく。老婆が死んだかどうかはわからないが、寒い中死の方向に追いやったと考えられる。そしてこれら3つの作品と共に野中があげている『ごんぎつね』も、自分のいたずらのために死ぬ前に母親にウナギを食べさせられなかった兵十に対して、ごんはこっそり償いをし続けるのだが、兵十はそのことを知らずにごんを銃殺してしまう。どの登場人物も他者を傷つけ、その人は死ぬかあるいはそれに近い状況になっている。

しかし主人公が死なせてしまった人に罪悪感を感じるのは、単に自分が生き残ったからではなく、相手を死なせる程傷つけてしまったからであり、相手が死んでしまったためにもう償うことができず、相手を傷つけたという不均衡を解消できないために感じていると考えられる。したがって山岸の分類における第四の罪悪感ではないと考えられる。第三と第四は共に自分と他者を比較して各自が得ているものの均衡がとれていない時にもたれる罪悪感であり、その違いは第三の罪悪感では自分が相手を傷つけた、相手に悪いことをしたというような相互作用における不均衡があるのに対し、第四の罪悪感の場合は自分が死なせたわけではなくやりとりはないが、不利な立場にある不特定多数の人に対してもたれるという点である。上述の3つの小説と『ごんぎつね』における罪悪感は、基本的に自分が相手を傷つけてしまったことに対する第二の罪悪感であり、相手が死んでしまって償う機会をなくして罪悪感を解消できず、自分と他者のやりとりに不均衡があるために罪悪感をもち続けるという意味で、第三の罪悪感の要素ももっているといえる。なお『ごんぎつね』のごんは、兵十を傷つけたことに対してこっそり償いをし続けるが、そのことに気づいてもらえず「つまらない」と言っているものの、自分の中では不均衡はある程度解消されていたと思われる。そして死ぬ前に兵十に気づいてもらえて、相手との関係の中でも不均衡は解消されて、満足して死んでいく（そのことで兵十が罪悪感をもつことになるのだが）。

ただし『舞姫』と『羅生門』の主人公は、罪悪感をもったかどうかは必ずしも明確ではないことをつけ加えておく。『舞姫』では主人公は友人に勧められて恋人を捨て、その罪悪感から熱を出して前後不覚状態になるが、その後は問題なく出世街道を歩む。小説の最後は出世への道を準備してくれた友人に感謝しつつ「されど我脳裡に一点の彼を憎むこころ今日までも残れりけり」の文章で終わっているが、罪悪感を持ち続けたかどうかは明確ではない。『羅生門』は生きるか悪事を働くかの選択に悩む下人が、死人から髪の毛を奪っている老婆の「ここにいる死体は生前生きるために悪事を働いた。だから今度は私が生きていくために悪事を働く」という言葉を聞き、それならば自分もと彼女から衣服を奪って去っていく。彼なりに納得して奪っており、寒い中老婆を死に追いやったことで下人が罪悪感をもったかどうかはわからない。ただし素材はどちらも罪悪感の問題であり、それらを読むことで第二、第三の罪悪感について考える機会にはなろう。

なお6章で論じた第三の罪悪感の例である阿闍世や内観療法、遠藤周作のキリストに関する小説の場合は、単に償えなかったということではなく、自分が傷つけたにもかかわらず許されてしまうという二重の不均衡によって罪悪感がもたれているが、教科書に採録された作品では、償っていないという不均衡だけであり、自分の悪事にもかかわらず相手が許してくれるという側面はない。しかし自分の行為が他者を傷つけたこと、そして自他にもたらされた結果を比較して不均衡があること（＝相手が被ったことに対して償いをしていないこと）に対する罪悪感であり、第三の罪悪感に近いといえる。『こころ』はその罪悪感ゆえに身を滅ぼす物語である一方、『舞姫』と『羅生門』は罪悪感がもたれ持続したのか明確ではないが、他者を傷つけないこと、そして傷つけた場合は償いをして不均衡を解消することの重要性を考えさせる教材にはなっている。

日本の国語教科書の定番教材の中で、罪悪感が描かれていると指摘されている4話について、6章の4つの罪悪感と関連させて検討を行なった。どれも4つの罪悪感の第二（他者を傷つけたことに焦点がある罪悪感）であり、かつ第三（相互作用をもつ他者と自分にもたらされた結果の不均衡に由来する罪悪感）の要素ももっていることが示された。それは日本人に多く見られる罪悪感であるが、教科書の定番でその問題を描くことによって、大人たちは次世代にそのような罪悪感をもつことを期待していると考えられる。

２０１４年10月中教審によって「道徳の教科化」が答申され、「道徳」の授業で何をどう教えるかを考えることが喫緊の課題である今、国語教科書に採録された作品を通してどのような道徳教育を行なおうとしてきたのかを検討することは意義あることであり、本章では罪悪感という観点からその一端を示すことができたと考える。

Ⅲ 心の発達——対人関係の変化をめぐって

8 『悪童日記』の主人公の育ちと対人関係
――アゴタ・クリストフ『悪童日記』三部作

1 はじめに

『悪童日記』[1]は、双子の少年が戦時下の苛酷な状況をたくましく生き抜く様を、淡々とした即物的な文体で綴った、ハンガリーの女流作家アゴタ・クリストフの処女作で、1986年に発刊されるや世界中で話題になった小説である。舞台となった場所や戦争について具体的な記述は全くないが、1935年生まれのアゴタ・クリストフは第二次世界大戦終了時は9歳であり、母国ハンガリーを舞台にした第二次世界大戦とその後のソ連による占領を描いていると考えられる。東浦[2]は「感情をまじえぬ短い簡潔な文体、固有名詞の欠如、断章の連続、現在形の使用」等の特徴をあげ、「20世紀の新しい小説に固有の特徴を数多くもっている」としており、双子による父親殺しに着目して論ずる論文が多い[2][3][4][5]。

アゴタ・クリストフは『悪童日記』に引き続き、『ふたりの証拠』[6]『第三の嘘』[7]（以後Ⅱ部、Ⅲ部と略記）の2冊を上梓する。それらは『悪童日記』（以後Ⅰ部と略記）の続き――つまり主人公の青年期・成人期の話――のように読めるが、単なる続きではない。Ⅰ部の語り手は児童期の双子の「ぼくら」で、固有名詞は地名も人名も一切出てこなかったが、Ⅱ部は双子の一人が主人公で、三人称で書かれており、登場人物は名前をもつ。主人公の名はリュカ、双子の片割れはクラウス。そしてその中で、Ⅰ部は実はぼくら二人の経験ではなくリュカ一人の経験であり、一人で書いたことが明かされる。Ⅲ部は二部から成り、前半はリュカ、後半はクラウスと思われる主人公によって、各々の生い立ちやまわりの人のこと、そしてその後から現在までが語られる。そしてⅠ部Ⅱ部の話が大きく覆されたりする。4歳の時から離れ離れになっていたリュカとクラウスは、別れてからほぼ50年後、55歳でやっと再会するが、話は絶望と虚無感の中で終わる。

登場人物はどの人も、戦争・占領・その後の政治的混乱に振り回され、それぞれがつらい思いを抱えている。主人公もⅠ部では疎開中粗暴な祖母のもとで悲惨な生活を送り、母親は爆撃で死亡、父親は自分たちが国境を越えるために地雷で死なせたということが綴られている。彼らのつらさ・悲惨さは戦争に由来するように読めるが、Ⅱ部Ⅲ部で、実は母親は父親の不倫に怒って彼を銃殺して精神病院に収容され、流れ弾で怪我をしたリュカは入院、その後施設を経て、老女のもとに引き取られたこと、クラウスは父の愛人に育てられ、その後母親を引き取り世話をしているということが語られる。

ただしこの三部作は東浦が「ありうべき三つの現実を描いた作品[2]」と書いているように、Ⅲ部で書かれていることが真実とは限らない（Ⅲ部の題名は「第三の嘘」である）。しかし、（1）Ⅲ部で語られた幼少期からリュカが55歳で死亡するまでの話は、Ⅰ部Ⅱ部を読み替えると矛盾のない一貫した物語になっていること、（2）「ありうべき三つの現実」の「一つ」にすぎないとしても、突然愛着対象から引き離されて悲惨な状況に置かれ、その後さまざまな人と出会って全く異なった道を歩んだ二人の55歳までの人生の過程を、愛着理論等の発達心理学の観点から考察するという新しい試みが可能なこと、以上の2点から、本章ではⅢ部の視点から二人の人生を取り上げて考察を行なう。

ボウルビィは子どもが養育者に愛着を向けそれに応じてもらうことで安心感をもつとする愛着理論を提唱し[8]、エリクソンは子どものよびかけに養育者が応えてくれることから他者や世界全体、そして自分への信頼感を与えられるとする理論を提唱した[9]。幼少期にそのような安心感や信頼感をもてないことはその後の発達や適応に大きく影響することになる。ただしどちらの理論も生涯発達を視野にいれた理論であり、幼少期の経験の重要性を示しつつ、生涯発達の中でそれが変化することも内包されている。

ボウルビィによれば、特定の他者への愛着は幼少期にとどまらず、形を変えて生涯にわたってもたれるとされる（「ゆりかごから墓場まで」）。養育者との関係のあり方は内的表象として内面化して「内的作業モデル」――「他者は自分を受け入れてくれるか、自分は他者に受け入れられる存在なのか」に関する枠組み――となり、対人的情報を処理し対人的行動をとる際の枠組みになる[8]。内的作業モデルは愛着行動のタイプ（安定型／アンビバレント型／回避型、後に第四のタイプの無秩序型が加わる）

と対応した、以下の4つの型が想定されている。[10]

安定型――自分は他者に受け入れてもらえ、他者は信頼できるという安定した対人的枠組み

アンビバレント型――他者に受け入れてもらいたい気持ちを強くもつが、受け入れてもらえるか自信をもてず不安感が強い不安定な枠組み

回避型――自分は拒絶される、自分が近づけば他者は離れるという主観的確信に基づき、親しい関係を回避しようとする枠組み

無秩序型――混沌として組織化されておらず、安全の確保というゴールを達成できない枠組み

それらは成人愛着では自律型／とらわれ型／愛着軽視型／未解決型とも言われる。[10] バーソロミューとホロヴィッツ[11]は、内的作業モデルを自己モデルと他者モデルの肯定性‐否定性の2軸から以下の4つに分類している。安定型（どちらも肯定的）／とらわれ型（他者モデルは肯定的・自己モデルは否定的）／拒否型（自己モデルは肯定的・他者モデルは否定的）／恐れ型（どちらも否定的）[11]。

幼少期の愛着行動とは別に内的作業モデルを測定する方法が考案されるようになると、愛着‐内的作業モデルの安定性と変動性が実証的に検討されるようになり、ボウルビィの仮説通り内的作業モデルはいったん形成されると変わりにくいこと、一方経験の中で変化することもあることが実証的に明らかにされつつある。愛着対象の喪失は安定した内的作業モデルを変化させるし、不安定な内的作業

モデルも環境が大きく変化し、それまでとは異なる他者との交流等により変化することが示されている[10]。

『悪童日記』三部作では、Ⅰ部は疎開のため親元を離れ、苛酷な状況で生きる少年を描く作品だが、Ⅱ部、Ⅲ部で少年たちの幼少期とその後どのように生きたかが語られる。突然親やそれまでの生活から引き離され、その後親の消息も知らされず、見知らぬ人のもとで育った双子は、その後どのような対人関係をもちどのように生きたのか、一卵性双生児と思われる彼らはその後の育ち方や経験によって、どのように変わっていったのか、それが三部作の中で記述されている。彼らは『悪童日記』では「ぼくら」として区別されることなく語られるくらい一心同体の存在であり、同様の幼少期経験をもっていたと考えられるが、異なった環境でさまざまな経験をする中でどのような成長を遂げ、どのような人生を送ったと描かれているのか。本章ではアゴタ・クリストフが二人の人生経路をどのように描いたかについて、Ⅲ部の語りに基づいて、二人の生育のあり方とその後の対人関係や生き方との関連をめぐって、内的作業モデルを中心に発達心理学の観点から読み解き、考察を行なう。

2 リュカの人生——幼少期から児童期

(1) 幼少期から児童期の生育の過程

リュカは『悪童日記』の書き手であり、Ⅱ部の主人公である。Ⅰ部Ⅱ部で語られるリュカの生い立ちは彼にとっての生い立ちにすぎず（彼は事実を誰からも聞かされていない）、Ⅲ部のクラウスの語りによってはじめて、リュカが置かれた状況が明らかになる。

幼少期は断片的なぼんやりとした記憶だけだが、父母がいて穏やかで幸せに過ごしており、そばにはいつも双子の兄弟がいて、その記憶が彼を生涯支えることになる。明確な記憶は病院にいてリハビリを受けていた頃からであり、その後施設で5年間育つ。施設で他の子は家族からの手紙を受け取ったりしていて、リュカも心待ちにしているが全く来ない。事情は誰からも聞かされていないため、親から見捨てられたと思っている。愛情を与えられることなく、世界に自分を愛する人は誰もいないと思い、他の子を妬み嘘の手紙を書いたりするひねくれた子になる。

施設は敵軍の爆撃を受け、多くの死者が出るが、無事だったリュカは老女に引き取られる。ここから『悪童日記』の場面に入る。老女（リュカは「おばあちゃん」と呼ぶ）は、夫を毒殺したと噂され

「魔女」と呼ばれ、ケチでリュカをこき使う恐ろしげな人物で、他者とのかかわりを排して暮らしている。リュカはその生活に徐々に適応していく。リュカは頭がよく心理的にも身体的にも強靭な優れた資質をもっていて、時にさまざまな悪事を働きながら劣悪な状況を生き抜く。彼は何があっても動じず、少年とは思えない恐ろしい経験をしても平然としている。「悪い」という感情をもつこともなく悪事に手を染め、その一方隣に住む母娘の生活を助けたり、安楽死を幇助したりする（隣人の女性の喉を切り放火、そして老女に毒を盛る）。彼は理不尽な身体的・心理的暴力を受けることも多いが、悲惨な状況に耐える訓練として、身体的・心理的暴力を二人で与えあい、それに慣れて痛みを感じなくなるようにするという方法を考え出す。さらに、つらい苦しい状況を耐えるために、リュカは双子の片割れのクラウスに宛ててノートに自分の経験を書き綴る。事実だけを書くと言いながら、実は虚構を混ぜて書く。そもそも語り手は「ぼくら」だが、事実は「ぼく」一人であり、そこにいたのは「ぼく」だけだったのである。内容も全くの虚構ではないが、つらさを乗り越えられるようにアレンジされている（Ⅲ部で「嘘が書いてあるんです。事実ではないけれど、事実でありうるような話」「本当にあった話はあまりにも深く私自身を傷つけるので、物事をこうあってほしかったという自分の思いに従って書く」と言っている）。リュカはそのようにして、劣悪な状況を強く生き抜く。

（2）内的作業モデルおよび他者との関係のもち方

ずっと誰からも愛されていないという思いをもって過ごしてきたリュカの内的作業モデルは、不安定であることが予想される。施設で手紙がくることを期待して待ったり、わざとまわりの子に妬みの手紙を書いたりしていた頃はアンビバレント型の内的作業モデルと考えられるが、回避型の老女との生活の中で回避型になり、感情を排し即物的な生き方を強めていったと思われる。老女には優しさはなく、温かい対応はしてくれないが、言動に一貫性はあり、応答が予期できるため、それに合わせることは可能である。母親がやってきて連れ帰ろうとしてもリュカは老女のもとに残ることを選んだことを考えると、老女はリュカにある種の安定感を与えていたと思われる。老女は、誰も味方がいない孤立した状況で誰にも頼らず強く生きることを身をもって教え、リュカが一人で強く生きることを支援してくれたと考えられる。

回避型の者は感情を排除するが、リュカは文章を書く時も感情は一切排除して書くし、恐ろしい事態にも動じず平然と対処していく。たくさんの悪事に手を染める一方、危険を冒しても他者のために行動する優しさも併せもつ。彼に食料を持って来てもらいずっと世話になっていた司祭は、「これ程の愛と思いやりにどう感謝すればいいのだろう」と言っている。（それに対してリュカは「感謝なんかしないで下さい。ぼくの内にはどんな愛も思いやりもありはしないんです」と回避型の返答をしている。）

彼が優しさをもっているのは、愛を受けるという実体験はないが、幼児期の「母親の優しさ」の記憶がぼんやりとあるからだろう。でも彼はその記憶に振り回されないようにしている。「『私の愛しい子！　最愛の子！　大好きよ　決して離れないわ』母親が言った言葉を思い出すと涙があふれる。これらの言葉を忘れなくてはならない。なぜなら今では誰一人言ってくれないし、これらの言葉の思い出は切なすぎる。」老女も連行されるユダヤ人に、自分の危険も顧みずリンゴをあげる場面があり、日記には書かれていないが、彼女なりにリュカを思い、優しかった面もあり、リュカはそれを感じていたのかもしれない。

そのような優しさや母親への思いを見ると、リュカは基本的信頼感は獲得していると考えられる。母親からの愛をしっかりと覚えているわけではないが、世界への信頼、他者から愛されることへの自信を根源的にはもっている。そのような自信は苦しみに耐え未来を目指して生きる力——希望——をもたせる。そして4歳までは家族と共にあり幸せだった彼は、自律性も獲得し、意志の力もある。基盤がしっかりしているため、その後悲惨な状況になっても幼児期後期の積極性や児童期の生産性も身につけており、自我発達上の大きな問題はない。ただし4歳の時に突然愛着対象を失ってしまった心の傷は大きいし、その後のケアや新たな愛着対象もなかったため、内的作業モデルは不安定なアンビバレント型になり、やがて回避型になっている。

彼は悲惨な状況に直面する中で、それに耐える強さを身につけていく。リュカがあげているその方法は、訓練によって痛みを感じなくなることであった。彼はやがて「暴力を受けても何も感じなくなる。痛みを感じるのは、誰か別人だ」と思えるようになるが、これは虐待を受けた子の解離のような描写である。[12] 実際にはリュカは一人だったし、意図的な訓練というよりそうならざるをえなかったのだが、それを能動的なものとしてとらえて、結果的にそうやって悲惨な状況に耐えていったのだと思われる。

つらい苦しい状況を耐えるためにリュカがとったより能動的手段が、双子の片割れのクラウスに宛ててノートに自分の経験を書くことだった。書くことにより自分を支えるという方法は他の登場人物や著者自身の方法でもあり、[13] 筆記療法にも見られる。[14]

書いたノートを読んでもらう対象はクラウスである。重要な支えを失ったリュカにとって、クラウスが自分を支える唯一の人、最大の愛の対象になる。そのクラウスに宛ててノートに自分の経験を書くことで、リュカは何とか生きていく。愛着対象がいない時、それに代わってネガティブな気持ちを鎮めてくれるものをウィニコット[15] は移行対象としたが、リュカにとってクラウスは、母親に代わって気持ちを鎮めてくれる唯一の存在になる。「もう一人の自分」に近いかもしれないが、心の内に「空想の友人」[16] のように住まわせている。現実に誰からの愛も支えも得られない彼は、幸福だった幼少期を共有している他者を移行対象のようにして自分を支えて生きていく。

3 リュカの人生 ― 思春期以降

(1) 思春期以降のリュカの人生

15歳になったリュカは心の中の愛着対象とは別に、現実的な愛の対象を得る。17歳の少女ヤスミーヌが近親相姦で産んだ子を水につけて殺そうとしている場面に出会い、二人を家に連れてきて共同生活を送る。ヤスミーヌの子どものマティアスは肩と足に障害をもつが、リュカは彼に愛を向けるようになる。

リュカは一緒に住む美しいヤスミーヌには愛を向けない一方で、夫を惨殺され鬱屈としているかなり年長なクララを慕い、交流をもつ。クララの心は死んだ夫に向けられていて、リュカは結局愛してもらえない。それでも「ボクは彼女の愛人です」と言っている（ただし「彼女を愛しているのかい」と聞かれると、「ボクはその言葉の意味を知りません」と答えている）。

ヤスミーヌはリュカが自分を愛してくれないので、マティアスを連れて出ていくことを考える。そのことに気づいたリュカはマティアスが自分のもとを去ることを怖れて彼女を殺し、マティアスには「ヤスミーヌは一人で出ていった」と言う。自分に障害があること、醜いことに自尊心を傷つけられているマティアスは、ヤスミーヌがいなくなったのも自分が醜いから捨てられたと思っている。「ヤスミーヌはもう帰ってこない」とリュカに言われ、マティアスの母親に捨てられた不安と傷つきはさらに強められる。そしてリュカが美しい少年に視線を向けていたことがきっかけとなって、リュカの愛を奪われたと思ったマティアスは自死してしまう。（なお他者からの愛を求め、それが自分に向けられないことに対する妬みの問題は、次に述べるクラウスの人生における問題でもある。）リュカは「ぼくの大事な子。お前こそ、ぼくの人生の全てだ」「世界でただ一人本当に大切な人間なのだ」とマティアスに告げていたのだが、死なれてしまう。

その後リュカは亡命するが、愛する対象はもたなかったと語られる。そして55歳になってやっと他国から戻り、不法滞在して、遂にクラウスに会うのだが（なんと50年ぶりの再会である）、生涯をかけて思い続けたクラウスはリュカを双子の片割れと認めない。そして捨てられたと思い込んできた母親は、実は50年間リュカのことのみ心にかけていたことも知らないまま、彼は絶望して自死してしまうのである。生涯望んできたことがすぐ手元にあるのに、生涯追い求めてきた母親の愛を実感できるのに、それが叶わないという痛々しい悲劇で物語は終わる。

（2）他者への愛と内的作業モデル

思春期は異性に心身共惹かれる時期であるにもかかわらず、リュカは一緒に住む美しいヤスミーヌには愛を向けず、その子どもであるマティアスを愛する。なぜ15歳の少年が女性ではなく、障害をもつ赤ちゃんに心惹かれるのか、発達心理学的には少々不可解である。現実にいるのか不確かなクラウスの代わりに、いつもそばにいて、実在しているマティアスを愛することで確かな支えを得ようとしているのだろうか。あるいは障害のあった小さい頃の自分をマティアスに見ているのか。成長すると賢く強い子になっていくが、これも自分や『悪童日記』に書いた双子を見る思いなのか。幼少の自分たちへの愛、誰からも愛されず守ってもらえなかった自分を守りたいという思いもあるのかもしれない。

そしてその愛は、それを失うことを阻止するためには、ヤスミーヌを殺すことも厭わない程の強さなのである。彼はどうしてもマティアスを失いたくない。マティアスを引き取ろうとする親戚に「絶対にだめだ。あれはぼくの子なんだ。ぼくだけの子なんだ」とリュカは言う。

回避型だったリュカだが、青年期には一途に愛する他者をもっている。彼は親しくなることを怖れることなく、愛を求め、困難に立ち向かって諦めずにかかわり続けている。（2）で述べたように、幼少期に愛されていたこと、強さを培い自分に自信をもっていることがそれを可能にしたと考えられる。マティアスとクララとの交流があったこの時期のリュカは、他の時期の回避型のリュカとは対人的態度がかなり異なっている。失うことを過度に心配するというようなアンビバレント型の傾向（マティアスはこれに該当する）とも異なったあり方である。マティアスやクララとの交流がうまくいき、一方的ではなく相互的な愛をもつことができれば、リュカの内的作業モデルは安定的なものになっていき、リュカの人生は大きく変わったと思われる（ただしマティアスへの愛は養育者がもつ子どもへの愛であり、異性への愛とは異なるし、クララへの愛もうまくいかないことがわかっており、そのような対象にしか愛を向けられないともいえるが）。

その後のリュカは愛する対象はもたず、回避型のまま、クラウスに自分の経験を綴ること、そしてクラウスに再会することだけを目指して、心を閉ざして生きていく。

4　クラウスの人生――幼少期から成人期

(1) クラウスの生きた過程

4歳の時におこった事件で父親は死亡し、母親は精神病院に入院したため、クラウスは父親の愛人アントニアに引き取られて育つ。アントニアはシングルマザーだが、愛情深い安定した女性で、クラウスはアントニアの両親にも可愛がられ、愛と配慮を十分受けて育つ。妹のサラと心を通わせ愛しあうようになるが、異母兄妹なので身体の関係はもてない。二人は苦しむが、やがてサラは他の男性と結婚する。

クラウスはリュカと違って事件をいくらか覚えている。8歳の時に、幼い頃家族と住んでいた家を偶然見つけ、アントニアに母親やリュカのことを尋ねる。懇願されてアントニアは事件の経緯を話す。クラウスの父親に愛されたこと、母親の精神の病いとその原因、リュカは怪我をして施設に入っていること――。

クラウスはアントニアと一緒にリュカを探しに行くが、空襲でその後の消息はわからない。母親とは精神病院で再会するが、母親は自分が怪我をさせたリュカのことにしか関心を示さない。母親が退院するとクラウスはアントニアの家を出て、自宅に戻り母親の世話を引き受ける。精神的に不安定な母親の世話は12歳のクラウスには荷が重いが、看護師に補助されながら献身的に世話をする。14歳の時、母親の世話を十分にするために学校をやめ、植字工として印刷所に勤める。

彼はまだ少年のうちから実に献身的に母親の世話をする。しかし母親のリュカへの偏愛は激しく、母が愛しているのは自分ではなく、リュカであると常に思わせられる。それだけでなく、世話をしてくれるクラウスに対する母親の態度はひどく（心理的虐待である）、クラウスの日々は実に辛いものである。「リュカだったら〜なのに、お前は全く〜」精神を病んでいるからとはいえ、理不尽な叱責を受け続ける。

クラウスは自分のつらい人生を嘆きながら、母親に尽くすだけの日々を送る。彼にとってはサラのことが一番重要だったが、不可能な愛を諦めてサラと別れる（彼女と結婚し、子どもと孫に囲まれて生きているという嘘の語りが痛々しい）。そして自分を責め続ける母親と過ごすだけの荒涼とした人生を選択する（唯一リュカに向けて詩を書く時だけが、彼の本来の時間である）。彼は報われなかった自分の人生を振り返り、「人生は全く無益で、無意味そのもの、錯誤であり、苦しみそのものだ」と、心の中でリュカにつぶやく。

その一方彼は、母親とリュカの再会に関しては断固として阻止する。母親が唯一望んでいること、別れてから50年間ずっとそれだけを望んできたこと ── リュカと会うこと ── を阻止し、それに付随してリュカの生涯かけての望み ── 自分と再会すること ── も拒絶してしまう。「昔のつらい記憶を呼び覚ましたくない、母親と自分の平穏な生活を保護するため」とクラウスは言っているが、一方で「『リュカ、私の息子！』をききたくない。そんなこと、あまりに虫がよすぎる」と言っており、母親のリュカへの愛に対する妬みのために、リュカの思いを挫いてしまうのである。

(2) 内的作業モデルおよび他者との関係のもち方

クラウスの幼少期も、リュカと同様、温かい家族のもとで安定した愛着が可能だったと考えられる。事件による愛着対象の喪失や環境の激変はリュカと同様大きなトラウマになっただろうが、その後の環境はリュカと大きく異なっていた。アントニアのもとでの生活は愛にあふれていて、時に以前の家族のことを考えたということ以外には問題はなかったと思われる。クラウスは穏やかで優しい少年、サラを心から愛する少年に育つ。母親と再会すると、彼は母親と暮らすことを選ぶ。彼はそれまで他者に大切にされ、安心感や基本的信頼をしっかりと獲得しているため、他者とよい関係を作り、肯定的にかかわっていく力をもっている。たとえ相手が好意的に振る舞わなくても、それに苛立たず自分を律してかかわり続けることができる。

しかし母はクラウスにつらくあたり、母が愛しているのは自分ではなくリュカであることを常にあからさまに示す。自分が怪我をさせてしまったリュカに対して、母親が罪悪感をもち気遣うのはある意味で当然で仕方がない面もあるが、その偏りはあまりにひどい。不在のリュカを偏愛し、実際に献身的に世話をしてくれるクラウスに辛くあたる。うまくいかないことは全てクラウスのせいであり、「リュカだったらそんなことはしないのに、お前ときたら」という言葉を母親は際限なく繰り返す。

母が愛しているのはリュカであり、自分は全く愛されていないという思いが確かになるにつれ、内的作業モデルはアンビバレント型になっていく。献身的な世話が全く報われず、不当な攻撃に曝され続けるうちに、不安定さはさらに強まっていく。自分が壊れないために、母親の世話を誰かに頼むという選択肢もあったと思われるが、クラウスは全てに耐えて独力で世話をし続ける。彼の場合はすでに母親の世話をする年代になっているが、無秩序型の子どもに見られる親の世話を過度にやく「役割の逆転」に似ているし、その行動様式は「近接と回避が同時に見られる」という無秩序型の行動特徴[10]にあてはまっているように思われる。彼はつらくて母親を回避したいのに、世話をすることから離れられないのである。

なおどんなに辛くても世話をし続ける背後には、4歳の事件の時に世話をしてくれた看護師に言われた「誰かが生きて世話をしなくてはならない」という言葉があるように思われる。家族が一瞬にして壊れてしまう非常事態、わけがわからない混乱状態に置かれた4歳の子にとって、その時の言葉は決定的な意味をもち、彼の脳裡にすり込まれてしまったのだろう。「誰かがちゃんと起きてなければならないのよ。みんなを待っていてあげるために、帰って来る人、目覚める人の世話をしてあげるために。」クラウスはそれを忠実に実行している。

また母親の不幸の原因になった人物から愛を受けて育ち幸福だったということも、母親に対する罪悪感を感じさせて、つらくあたられても世話を続ける一要因になったと考えられる。自分を育ててくれた人が母親の不幸の原因を作ったということは、クラウスにとって大きな心の負担になったと考えられる。

クラウスは愛するサラとの愛を諦めざるをえず、母からの愛はどのように努力しても得られず、世界からことごとく拒絶されてしまう。クラウスは他者から受け入れてもらえるという自信をもち、温かい交流をもつことができる少年だったのに、あまりに何度も受け入れられない経験を積むうちに、徐々にその枠組みを変化させていく。そしてその拒否的な母親――「自分は他者に受け入れられる存在なのか、他者は自分を受け入れてくれるのか」の問いを全否定する母親――との世界だけに生きる場を閉ざしてしまう中で、彼の人生は荒涼としたものになっていく。

不幸な彼が最後にとった決定的な行動――リュカの一生を無化する行動――は、母親のリュカへの愛に対する妬みに基づいている。Ⅱ部の最大の悲劇はマティアスの自死であり、その直接的原因もリュカの愛が他の少年に向かうことに対する妬みであったが、三部作の最後も同じテーマで閉じられている。愛着対象との関係に自信がもてない不安定愛着の者がもつ、愛着対象からの愛を得ている者に対する強い妬み――著者にとって、このテーマは切実なものなのだと思われる。なお著者の自伝的作品の『文盲』[13]には、幼少時、障害のある弟が母親に偏愛されていたこと、その弟をいじめたことが書かれている。

生育の過程やそこでの経験が彼らの対人関係のもち方や内的作業モデル、対人的枠組みにどのように影響するかという発達心理学の問題に関して、『悪童日記』三部作の著者がどのように描いているかについて、Ⅲ部『第三の嘘』の語りに基づき、発達心理学の観点から検討を行なった。著者アゴタ・クリストフは発達心理学者ではないしその理論を知っていたわけではないと思われるが、作家としての直観と洞察によって描かれた二人の人生は、発達心理学の知見に沿うものであることが示された。

9 アンの成長の妥当性
――ルーシー・モンゴメリ『赤毛のアン』

1　はじめに

（1）『赤毛のアン』の人気と孤児物語

モンゴメリの小説『赤毛のアン』[1]（1908年）は日本では1952年に翻訳書が発刊され、その時から現在に至るまで大変人気がある小説である。小倉[2]によれば、1954年の調査開始以来「学校読書調査」において中学生女子では「一ヵ月に読んだ本」の上位にずっと入っていたとある（筆者も中学時代に一番好きな愛読書であった）。最近は児童書よりも、マスコミで話題になった一般向けの本が上位に入るようになっているが[3]、小・中・高校生によく読まれる本であり続けているし、大人になっ

表　19世紀末から20世紀はじめに英語圏で書かれた孤児少女小説

書名	発行年	孤児になった年齢と状況	母・父
アルプスの少女ハイジ	1881	生後すぐ父死亡　母もショックで発病、2～3週後死亡　祖母・伯母の元へ　5歳山小屋の祖父の元へ。8歳伯母の意向で裕福な家へ。その後祖父の元へ	×・×〈注1〉
家なき娘	1893	12歳で父死亡　母親とインドからフランスへ　母死亡（13歳）祖父の元へ	△・△
少女レベッカ	1903	11～12歳父死亡　伯母の元へ	○・△
小公女	1905	母親出産時に死亡　7歳インドから帰国　寄宿学校に入るが父死亡	×・△
赤毛のアン	1908	生後3ヶ月で母死亡　4日後父も死去　近隣の夫人に引き取られる　8歳で別の夫人の元へ　その後孤児院に4ヶ月いて、11歳でクスバート家へ	×・×
秘密の花園	1911	9歳両親死去　叔父の元へ	△・△
足長おじさん	1912	捨て子　孤児院で育つ　資産家に見込まれ大学へ	×・×
ポリアンヌ	1913	母死去　牧師の父と暮らす　11歳父死去　母の妹の元へ	×・△
（モンゴメリ）〈注2〉	（1874～1942）	21ヶ月母死去　母方祖母（厳しい）の元へ　父再婚し、しばらく共に住むが継母とうまくいかず、祖母の元に戻る	×・○

〈注1〉×：幼少期に死去　△：学童期に死去　○：健在
〈注2〉参考に「赤毛のアン」の著者を加えた。

ても繰り返し読む者も多い[4]。ミュージカルやテレビアニメになり、2014年前半のNHKの連続テレビ小説『花子とアン』は翻訳者が主人公であった。

なぜ『赤毛のアン』は人気があるのだろうか。

19世紀末から20世紀はじめの英語圏の少女小説は日本でもよく読まれているが、主人公が孤児であるものが多い（表に主人公が孤児である少女小説を年代順にあげた）。その理由として、（1）孤児が多い時代だったこと、（2）孤児という不運な状況は物語の劇的展開を可能にし、転落・没落からの回復のテーマが可能なこと、（3）親の不在はヒロインの個性的なパーソナリティを可能にすること等があげられている[5][6]。多くの孤児物語は、不遇な状況からの立ち直りの物語である点で共通しており、立ち直ることを助けてくれる人、きっかけをくれる人、不遇な状況をさらに強める人等さまざまな人と出会い、やがて幸せになるというパターンが多く、『赤毛のアン』もそれに合致する小説である。

その中でも『赤毛のアン』が特に人気がある理由についてはいろいろなところで論ぜられている[2][4][5][6][7][8]が、主として次のことがあげられる。まず想像力豊かなアンのおしゃべりや彼女が引き起こす出来事の面白さ、つらい状況を想像力で乗り越える姿に惹かれること。想像好きで一風変わっている少女は、他の少女小説でも見られるが、アンは特に魅力的なキャラクタの持ち主である（マーク・トウェインは「『不思議な国のアリス』以来の最も強く人の心に触れてくる存在である」と言っている[9]）。しかもヒロインは可愛い容貌のことが多いのに対し、アンは「赤毛で、そばかすだらけ、やせっぽち」で、そのことをいつも気にし、強い劣等感をもっていること、そして欠点だらけの少女であることが読者にとっては身近に感じられるのだろう。また親友のダイアナや後に恋愛の相手になるギルバートへの思い等、思春期の心理がうまく描かれていること、さらに女性の社会進出がむずかしい時代（出版は１９０８年）にもかかわらず、アンは少女っぽさをもちつつ男の子に負けずに勉学に励み、そしてさまざまな事件を引き起こし失敗を重ねながら、賢く魅力的な女性に成長していくことも人気の要因と考えられる。

（2）孤児の問題と発達心理学

社会全体が貧しく医学も発達していない時代は、親が早く亡くなることも多く、孤児はたくさんいたと思われるが、孤児が心理学において取り上げられるようになったのは、20世紀初め欧米の小児科医らによって、ホスピタリズム（施設病）が指摘されるようになってからである。乳児院や孤児院等の施設で育つ乳幼児の死亡率や罹患率が高いことが指摘され、その原因は栄養や衛生上の問題だけではなく、保母の数が少ないことが関与していることが明らかにされた。そしてその問題の中心も身体的なものから発達遅滞（知的発達、社会的、言語的、情緒的発達の遅滞）や無気力へと移っていった[10]。

その後スピッツは施設の子が母親から離される時に陥る状態についての研究を行ない、また第二次世界大戦時に家庭から引き離された子どもたちの発育についてアンナ・フロイトらが報告書をまとめている。いずれも幼少期の母親との接触の重要性を示すものだが、ボウルビーは家庭のない子どもの精神衛生面についての研究を1951年にまとめ、施設児の問題は施設そのものの問題ではなく、母性的な養育を受けられないことにあるとして「母性剥奪」という概念を提唱した[10]。さらに子どもは生存のために養育者に近接していることを求め愛着行動をとること、また子どもの正常な精神的発達のためには特定の養育者との緊密な関係を維持することが必要であるとする愛着理論を構築した[11]。

幼少の子どもにとって愛着対象のもつ意味は大きく、それを失うことは大きな危機である。ただし、はじめのうちはまだ愛着対象は定まっておらず（無差別的愛着行動）、繰り返し養育者からの世話を受ける中で徐々に愛着対象が特定されていく。愛着対象が特定され、特殊的愛着行動が形成されると母子分離の打撃は大きくなるとされる。ただし複数の愛着対象がいてその人が補完してくれたり、あるいは新しく他の愛着対象を得ることで、安定感を回復することは可能である。一方母子分離がなくても、愛着形成がなかったり愛着が歪んでいる場合は、愛着障害等の問題が生じる。

エリクソンも同様に、乳児期に養育者から親身な世話を受けることが自我発達の基盤になるとする自我発達理論を提唱した[12]。第一段階にあたる乳児期に養育者から親身な世話を受けて、自分の欲求を満たしてもらう中で、乳児は養育者への信頼、養育者が属する世界全体、養育者や世界から応じてもらえる自分自身への信頼（＝基本的信頼）をもつようになるとされる。そしてその時期にそのような信頼できる対象をもてないことは、人格の基底部分に問題をもたらすことになる。

発達初期の経験は特に重要なことが示されているが、人間は可塑性が高く、幼少期にある程度の問題があっても、その後の環境や経験が適切であれば回復することも可能なことも示されている。しかし愛着に関しては幼少期に大きな問題があった場合、その障害からの回復はかなりむずかしいことが報告されている。たとえば1989年ルーマニアのチャウシェスク独裁政権崩壊時に多くの施設が劣悪な状況であることが判明し、多くの施設児が外国に養子に出されたが、よい環境を提供されても障害の克服はむずかしく、施設での生活が長かった者ほどその傾向が強かったことが報告されている。[13][14]

本章では『赤毛のアン』が孤児として不遇な子ども時代を過ごし、不利な状況にあったにもかかわらず、賢く愛情豊かな女性に成長したことに着目し、その過程がどのように描かれているのか、発達心理学の知見と一致しているか、発達心理学の観点から無理はないかを検討する。現在幼少期の愛着形成における問題に由来する愛着障害が注目されているが、孤児アンの成長過程を辿り発達心理学の観点から検討を行なうことは、フィクションの小説ではあるが、幼少期の愛着形成において問題がある者の回復の過程や、そこに寄与する要因を考える上で参考になると思われる。

2　アンの育ち

11歳のアンが、農作業の手伝いをする男の子を望んでいたクスバート家の老兄妹のところに手違いでやってくるところから物語は始まる。孤児院ではなく、やっと自分の家ができると胸はずませていたアンは絶望するが、アンのおしゃべりが気にいったマシュウのお陰で追い返されずに一緒に住むことになる。そして子どもを育てたことのないマシュウとマリラに愛され、本当の家族のようになっていく。

アンは自分の身の上について、マリラに次のように語っている。生後3ヵ月で母親は熱病で死去、感染した父親もその4日後に死去。父母は共に高校教師だった。親戚もなく引き取り手がいなかったので、近所に住むトマス小母さんが引き取ってくれることになる。トマス家は貧しく小父さんは酒飲みという家庭であった。アンは小母さんの4人の子どもの世話をして、疲れてお祈りどころではなかったし、学校へもほとんど行けなかった。アンが8歳の時小父さんは事故で死亡。その後8人の子どもをもつハモンドさんが、子どもの扱いに慣れているアンを引き取る。双子が3組もいる家庭で2年間暮らす。夫が死亡すると、ハモンドさんは子どもを預けてアメリカへ行ってしまう。アンはその後4ヵ月孤児院で暮らす。

「誰も私をほしがる人はいなかったのよ。それが私の運命らしいわ」とアンは言っているが、いつも引き取り手はおらず、誰からも愛されたことがない少女である。トマス小母さんは貧困と酒飲み亭主で生活に疲れ、イライラしていたのだろう。アンが赤毛を気にしているのに「神様がわざと赤くした」と傷つくことを言われたり、「牛乳で育てたのにどうしてそんなにわるさをするのか」「あんたは手のつけられない悪い子だ」と叱られたとアンは言っている（「叱られることに慣れている」とも言っている）。

たとえ3ヵ月まで実母に愛されていたとしても、その記憶は全くないし、まだ愛着は形成されていない時期であり、愛着対象をもったことはないと思われる。ものごころついてからは、小間使い兼子守としてこき使われるだけで、誰からも愛されず、優しく扱われることもない11年間を過ごしている。満たされない思いをアンは想像の世界でのみ充足させていた。2軒の家でそれぞれ想像上の友人を作って語りかけていたという。

そのようなアンの育ちを考えると、「自分は誰からも愛されず必要とされず、他者は自分を受け入れてくれず信頼できない」という対人的枠組みをもつようになっていると考えられる。親密な関係をもてない、あるいは関係性が歪んでしまっているような愛着の障害が予想される。基本的信頼に関しても、養育者は自分に応えてくれないし、世界も応えてくれず、そのように応えてもらえない自分にも信頼感をもてず、基本的不信を獲得していると考えられる。

表に示した他のヒロインと比べても、両親を早い時期に失い、その後も愛着対象をもったこともなく（両親を早い時期に失っている『アルプスの少女ハイジ』は親戚や知り合いに預けられ、ある程度のケアは与えられている）、愛着に関する問題は大きいと思われる。

3　グリーン・ゲーブルスに来た頃のアン

1節で述べたようにアンは魅力的なところがある少女だが、愛着対象をもたず、誰からも愛されなかったため、愛着に関する障害があることが予想される。モンゴメリは必ずしも否定的なものとして書いていない場合もあるが、グリーン・ゲーブルスに来た頃のアンには行動的・心理的にさまざまな問題がある。

（1）感情のコントロールができず、特に怒りのコントロールができない。レイチェル夫人に赤毛のことを言われて激昂するし、ギルバートを石版でなぐる有名な事件も、赤毛をからかわれたことが原因で、怒りにかられて大騒ぎを引き起こしている。

（2）よく知らない人に対するなれなれしい態度が見られる。これはＤＳＭ－Ⅳの愛着障害の診断基準の「拡散された愛着」に該当すると思われる。「適切に選択的な愛着を示す能力の著しい欠如を伴う無分別な社交性という形で明らかになる。例：あまりよく知らない人に対しての過度のなれなれしさ」である。[15] アンは迎えにきたマシュウにぺらぺらしゃべり続けるが、初対面の人に対していると は思えないなれなれしく親しげな口調である。マリラにも「まったくよくもあんなにしゃべるものだ」と言われるほどよくしゃべる。ダイアナと腹心の友になるが、初対面でろくに話もしないうちにそのことを切り出している。友人をもっていなかったアンにとっては誰でもよかったのであろうが、無差別に親密性（それも最大限の親密性）を向けている。

（3）大げさな言い方。それがアンの魅力でもあるのだが、アンのおしゃべりは想像も加わっていて大げさだし、喜び方や謝り方も大げさで演技的といえるくらいである。たとえばピクニックにもっていくものを作ってくれると言うマリラにその嬉しさを伝えるのに「まあ！」「まあ！」と感嘆詞を連発する。ダイアナと腹心の友になる時の誓いの言葉（遊びではあるが）やダイアナを失うことへの思い（「ダイアナがお嫁にいって私をひとりぼっちにしたらどうしたらいいかしら」と泣く）も過剰である。マシュウがクリスマスにふくらんだ袖の洋服をプレゼントしてくれた時の喜び方も――ただしその喜ぶ姿を見てマシュウやマリラは嬉しそうだし、読者もほほえましく感じるのだが――大げさである。なお演技は遊びとして意識的にやっている面もある。レイチェル夫人に謝りたくないアンは、演技することで楽しく謝ってしまうのである。

（4）一方、自己評価は極めて低い。強い劣等感をもち、誰にも愛されない、誰からも望まれないと何度も言っている（たとえば「愛している」というダイアナに「私みたいな者が愛されるなんて考えられなかった」と驚いて感激している）。そして自分は哀れな孤児だという意識を強くもっていて、「この哀れな孤児に～」「もし小母さんが哀れな孤児だったら～」というような台詞も多い。自分が置かれた悲惨な状況を想像させ、同情を買うという方法がしばしばとられている。

（5）嘘をつく。とっていないのに、ピクニックに行きたいがために相手に合わせてお話を作り、嘘の告白をする。アンにとっては目標達成が重要で、嘘をつくことが悪いとは思っていない。誰も守ってくれないし味方もしてくれないので、そのようにして目標達成を目指さざるをえなかったのだと思われる。

そのような問題が見られるが、一方で他者と関係をもとうとしない、あるいはそれがむずかしいというDSM-Ⅳの愛着障害の診断基準の「回避性」の傾向[15]はもっておらず、他者との関係性は基本的にうまくいっている。アンは誰からも愛されないと思っていて対人的に自信はないにもかかわらず、よい関係を作る力をもっている。男の子を望んでいたマシュウとマリラの気持ちを変えて引き取ることにさせてしまうし、気むずかしいバーリー夫人にもダイアナと遊ぶことを許されるし、ダイアナも「あんたって変わってるわね。でも私、本当にあんたのことが好きになりそうよ」と言って、腹心の友になることを約束してくれる。ひどく怒らせたレイチェル夫人やミス・バーリーの気持ちを大きく変えてしまう。なぜこんなにすぐにまわりの人とよい関係を結べるのか？　そのためにはそれまでによい関係を経験し安定した対人的枠組み、あるいは「自分はうまくやっていける」という自己効力感のような気持ちをもっていることや、その中でよい関係を作るスキルを身につけていることも必要と思われる。

また学校にほとんど行っておらず、小さな子の世話をするだけで、想像上の友人しかもったことがないのに、アンは学校でもすぐに適応する。孤児だからといっていじめられたりしないし、ちょっと変わっていることも認められて、仲間にいれてもらえている。このようなことが同年齢の友人を全くもっていなかったアンに可能なのか、発達心理学的には少々疑問である。さらに問題は少し違うが、学校にほとんど行かず、日々子守に追われていたのに、学校での勉学にも問題はなく、優秀であるというあたりにも、無理があるように思われる。

4　その後のアンの成長

アンは11歳まで愛情を与えられず、しつけも満足に受けていなかったが、優しいマシュウと厳しいが愛情をもって育ててくれるマリラのもとで、大きく変わっていく。マシュウは内気・無口で女の子が苦手なのだが、彼はすっかりアンのことが気にいってしまい、いつもアンに優しく、彼女の願いをそれとなく叶えてくれる。アンを引き取りたくなかったマリラは、感情を外に出さない堅い女性で、アンをしっかり育てようとして厳しく接するが、アンの言動に接しているうちにだんだん気持ちがほぐれていく。マシュウのように直接的に可愛がるのではないが、いつもアンを温かく見守ってくれる。誰からも愛されなかったアンは、二人からの確かな愛に包まれて安全基地と安全感を得る（アンは「家へ帰るって嬉しいものね」と嬉しそうに言っている）。そしてマリラからきちんとした生活の仕方を教わり、そのしつけに素直に従って、社会化されていく。荒れた気持ちをなだめ慰めてくれる他者を得て、徐々にかんしゃくを起こすこともなくなり、穏やかな少女になっていく。

近隣の人も友人も、孤児であり、かんしゃくもちで、変わったところのあるアンを受け入れてくれ、学校でもアンはのびのびと個性を発揮して友人との生活を楽しむ。この小説には善人しか出てこないという批判もあるが[2]、必ずしも善人ばかりとはいえないとしても、孤児であることでアンに偏見をもったりする者はいない。小さな町で近所に友達がいないことが、ダイアナと遊ばせてくれる要因になり、ダイアナの母親を怒らせる事件も起こすが何とか許してもらえている。ダイアナとはいつも一緒にいて、楽しい時を過ごし、時に慰め合い、腹心の友になる。ギルバートとは石版事件以来、口もきかない仲になるが、ライバルとして意識し、密かに恋愛感情をもつようになる。

かんしゃくを起こしたり、問題を引き起こしてばかりいたアンだが、3年後にはレイチェル夫人に「すっかりよい子になった」と言われている。自分が赤毛であることをあれだけ嫌がり自分が違う容貌であることを想像して自分を慰めていたアンは、「私は自分のほか、誰にもなりたくないわ」と言うようになる。マシュウから真珠の首飾りをプレゼントされたアンは、「たとえダイヤモンドでなくても真珠の首飾りをつけたグリン・ゲーブルスのアンで大満足だわ」とマシュウに感謝すると共に、今の自分を肯定するようになる。強い劣等感をもち、「誰にも愛されない哀れな孤児」という自己概念は大きく変わっている。

アンは音楽会ではすばらしい朗読をし、またギルバートに負けまいと頑張って勉強し、卒業式ではエイヴリーの奨学金をとって表彰される。その日、「私が男の子だったら小父さんを楽にさせてあげられたのに」というアンに、マシュウは「わしには12人の男の子よりお前一人のほうがいいよ」と言う。「エイヴリーの奨学金をとったのは、女の子だったじゃないか。わしの自慢の娘じゃないか。」アンへの最大の賞賛の言葉を残して、その翌日マシュウは亡くなってしまう・・・。

アンは目が悪くなったマリラのために、大学への進学を延ばして、マリラの世話をしながら小学校の教師になることに決めるところで1巻は終わる。なおアンのその後については10巻まで続くアン・シリーズに書かれている。アンは大学に進むが、その後ギルバートと結婚して家庭に入り、円満な家庭を築く。結局当時の良妻賢母になってしまうことに落胆する声は多く[2][5]、モンゴメリ自身も出版社からの要請で嫌々書き続けたにすぎないとのことである[16]。

5 アンの変化に寄与したもの

不遇な状況で育ち劣等感でいっぱいだったアンが自信に満ちた愛情豊かな女性になることに寄与した要因をまとめると、以下のことがあげられる。

(1) 温かくしっかりとした養育。愛情に飢え、この世界に居場所がなかったアンに、マシュウとマリラははじめての居場所を与えてくれた。彼らは温かい養育者となり、いつも側にいて変わらずに応じてくれ、どんな時も応援し見守ることによって、アンに安定感・安心感を与えてくれた。また失敗ばかりし、悲観したり絶望したりするアンの気持ちを落ち着かせ、励ましてくれた。一方マリラのしつけは厳しいが、そのお陰で堅実な生活の仕方と生活のスキルを身につけることができ、アンは社会化された少女になっていく。そして生活に枠を作ることが欲求のコントロールの機会になり、またマシュウやマリラに気持ちをなだめてもらうことが、自ら自分の気持ちをコントロールすることにつながっていく。
（2）学習の機会と動機づけの提供。さらに二人は、アンがもつ能力をさらに伸ばす動機づけも引き起こしている。もともと知的に優れていたが、二人の応援や期待はアンの頑張りのもとになっている。女性の社会進出がむずかしい時代に、二人は女の子であっても高い教育を受けさせたいと思って応援していた。アンは当初は「賢さ・美しさ・善良さ」の中で躊躇なく美しさを選ぶと言っていたが、二人の期待に応えようと一生懸命勉強し、知性と教養を身につけていく。また新任の担任教師ミス・ステイシーもアンのやる気を引き起こし、成長を促している。
（3）よい友人関係。よい友人関係をもてたことも、変化の大きな要因であろう。ダイアナとの間に親友関係をもつことができたことは、サリバンが言うように、それまでの歪みの修正にも思春期の発達にも寄与したと考えられる。[17] ダイアナとさまざまな経験を共有し、共感して慰めあう中で、安定感と自他への信頼感を培っていく一方、自分とはかなり異なるダイアナとの交流は自分らしさの構築にも役立ったと思われる。ギルバートの存在はアンを頑張らせる源になっている。4節で、アンが学校で多くの友人と良好な友人関係をもつのは、同年齢の友人を全くもっていなかったことを考えるとむずかしいと述べたが、知的能力や明るく活発な気質をもっていることや、子守の経験が豊富なことが他者を楽しませたり楽しい遊びを提案することにつながったのかもしれない。
（4）地域の人々とのかかわり。変わった行動をし、たくさんの失敗をするアンに対して、地域の大人たちはマシュウやマリラとは異なった厳しい対処をするが、アンはそれを乗り越えて成長している。地域の人々は必ずしも善意に満ちているだけではないが、アンが孤児であることに偏見はもっていない。そしてアンの行動に驚かされ叱りつけたり小言を言ったりするが、結局アンを受け入れよい関係になっている。特に牧師館のミセス・アランはアンの憧れのモデルになっており、担任のミス・ステイシーと共に、「その人のようになりたい」と思うような敬愛できる大人が身近にいたことも、アンの成長を促していると考えられる。

4章で被虐待児の立ち直りについて検討し、まわりの人からのサポート、近隣・地域の雰囲気、親友ができ親密な交流があったこと、あるいは本人の知的能力や明るく活発な気質、楽観性等をそれを可能にしたものとしてあげたが、以上のことはそれらの要因と共通している。またレジリエンス（逆境に遭っても立ち直る力、精神的回復力）の促進要因についての研究[18]では、子どもの個人的要因・家族要因・近隣や組織の要因があげられてまとめられているが、アンをめぐる状況はそれらにあてはまるものが多い（アンの資質、温かく権威ある養育、教育への関心が高く構造化された家庭環境、集団として機能している近隣等）。

ただしアンがもつ個人要因の中には、なぜそれをもつことが可能なのかわからないものもある。3節で述べたように、クスバート家に来た11歳の時すでに学業優秀で人の気持ちを惹きつける魅力をもち、よい人間関係を作る力をもっていることに関しては、アンの育ちのどこでそれが可能になったのか、どのような経験を通してアンはその力やスキルを身につけたのかがわからない。もともと優れた資質の持ち主だったということはあるだろう。両親とも高校教師であり、知的能力は遺伝的に高いのかもしれないし、明るさや活動性も生得的な気質で、まわりの人々から温かく受け入れられる潜在能力があったと考えられる。しかし11歳までの不利な状況の中で潜在能力を引き出すような働きかけはなく、肯定的な経験もない状況で、その潜在能力が発現するというのは発達心理学的には無理があるように思われる。モンゴメリの他の作品（『青い城』[19]〈注〉）でもそのような傾向が指摘できる。

しかしアンの育ちに関する情報は、全てアンの語りであり（著者は全く語っていない）、必ずしも事実ではないのかもしれない。アンが大げさに、悲劇的に話した可能性は高いし、伝達者の思い違い、アンの思い違いもありうる。あるいは話は事実であっても、話されなかったこと、忘れてしまったこともあるだろう。両親の死後可愛がってくれた人がいたが、それをアンは聞かされていないのかもしれない。トマス夫人の扱いは虐待に近いように読めるが、幼少期はそれなりに可愛がってくれたということも考えられる。

そしてアンが子守として大変だったとしても、そこにアンにとってプラスの経験もあったのかもしれない。たとえば子どもが育てやすい子で、良いフィードバックが返ってきて、子どもの相手をする中で楽しさや自己効力感を経験できたということも考えられる。子どもたちはトマス夫人よりもアンになつき、アンの言うことだけはきくというように。そしてアンはますます子守が上達し、楽しいお話をしたり楽しく遊ばすことが得意になり、学校でもそのスキルを使って楽しいことを提案できたのではないか。またアンが想像の翼を広げ、辛いことも想像で乗り切ることに関しても、アンは語っていないが、それを教えてくれた人やモデルになった人がいると思われる。つまりアンは、3節で書いた程、否定的な子ども時代を過ごしたわけではない可能性がある。

6　アンの変化とアンがもたらした変化――発達の相互性

『赤毛のアン』の魅力は、欠点だらけでしょっちゅう問題を起こすが想像力豊かで前向きなアンの魅力、そして誰からも愛してもらえず愛情に飢えていたアンがさまざまな出会いや交流によって徐々に成長していくところにあると思われる。しかしこの小説には、もう一つ別の魅力がある。それはアンによってマシュウとマリラが変わっていくことである。

内気なマシュウが勇気を出してお店に行き、やっとアンへのプレゼントを買う。アンの喜ぶ様子を見るマシュウは、それまでの人生にはなかった喜びや充実感を経験していると思われる。ものの世界に働きかけるだけの人生ではなく、後世代の者を慈しみ励ます喜びのある人生を生きるようになる。感情を表したり笑ったりしない非情緒的な堅物のマリラも、アンの言動に接しているうちに思わず笑ってしまう（その声を聞いたマシュウがびっくりしている）。そしてアンの世話をしていくうちに、マリラの中に今までに経験しなかったような気持ちが芽生えてくる。「身内の暖まるような快いものがわき上がった」と書かれているが、思いがけずマリラはアンによって母性を引き出されるのである。アンが愛着対象や基本的信頼を得ると同時に、成人期の生殖性課題を担っていなかった老兄妹もその対象を得て、豊かな自我発達がもたらされている。それは自らの発達課題の達成と相手の発達課題の達成がつながっていること、「一方は他方を照らし、暖め、その結果として、他方もはじめ与えてくれた人に熱を返す[20]」というエリクソンの「相互性」の例といえる。

発達の相互性はエリクソンの自我発達理論の中核にある概念であり（1964年の論文[20]で明確に詳述されている）、現代の発達心理学においても重要な概念であるが、モンゴメリは相互性を経験することから切り離されていた者が、どのようにして相互性の中に組み込まれていくのか、それが可能になっていく過程やその喜びを生き生きと豊かに描いている。

ただし、愛着関係に問題がある育ちをした者は、対人関係をうまくもてず、養育者が温かく適切に働きかけてもそれを肯定的に受け止め応じることができないという問題を抱えていることが多いにもかかわらず、アンは前述のように肯定的な対人関係をもつことができ、相互性を経験する土台ができていて、速やかに回復している。幼少期の愛着形成において問題があった少女の成長物語である『赤毛のアン』の魅力と限界がそこにあると考えられる。

『赤毛のアン』は、幼少期に孤児となり、誰からも愛されたことがなかったアンがクスバート家に来た11歳から、高校を卒業するまでの物語である。クスバート家に来るまでのアンの育ち、クスバート家に来た当初のアンの様子、その後のアンの変化に関して書かれていることについて、発達心理学の観点から考察を行なった。アンが当初からもっていた対人的能力や学業上の能力に関しては、語られた育ち方では少々無理があるが、クスバート家に来てからのアンの変化に関しては、発達心理学の見解と一致するものであることが示された。

注

『青い城』の主人公は、ものごころついてからずっと誰からも愛されず、まわりの人の言いなりになって生きてきた29歳の独身女性である。言いたいことも言わず、楽しいと思うことも全くなく、ただ「植物のように」受動的に生きてきたが、余命わずかと言われたことをきっかけに、言いたいことを言ってまわりを唖然とさせ、自由に生きるために家を出て、自ら幸せをつかむ。主人公の立場に立つと痛快な物語だが、急にそのように振る舞うことはむずかしいと思われる。それまでしてこなかった行動やもっていない能力は、経験の中で徐々に培っていくものであり、やろうと思うだけですぐできるわけではない（時にはソーシャルスキル・トレーニングをして、スキルを習得する必要がある）。

あとがき

9つのテーマで18の文学作品（映画も含めて）を取り上げて、心理学の観点から論じてきました。どの作品も発達心理学の理論の一つの事例として読むことが可能で、作家の直観と洞察により書かれた内容は、基本的に発達心理学の知見と一致することが示されたといえます。内容豊かな事例を心理学の観点から読み解くことは、著者にとって楽しく、考察する中で作品の理解も深まったように思います。読者の皆様はいかがでしたでしょうか。作品を新たな観点から考え直すことができたり、発達心理学の理解がより具体的に、そして広がったり深まったりしたと思っていただければ幸いです。

本書で論じている主人公達は、困難な事態に置かれてつらい状況にあるけれど、それを何とか乗り越えて立ち直ろうとしているという意味で共通性があります。「まえがき」でも述べたように、文学作品においてはしばしば困難な状況にある者の立ち直りが描かれています。心理学においては不適応に陥った者の治療・回復は古くからのテーマですが、ごく普通の人の立ち直りはほとんど研究されず、ようやく最近になって、精神的回復力 —— レジリエンス —— の研究によってそれが取り上げられるようになってきています。発達過程に何らかの問題があったり、物事がうまくいかずつらい思いをするということは、大なり小なり誰もが経験することであり、そこからいかにして立ち直るか、立ち直りに寄与する要因は何かは、誰にとっても重要な問題だと思います。そのような問題は、統計的な手法で検討することも可能ですし、短期的な視点でも検討できますが、事例研究として長期的に見ていくことが重要と考えます。ただし、適切な事例を長期的に（時に生涯にわたって）見ていくことはなかなかむずかしいため、それを文学作品を使ってやってみようと試みたのが本書であるといえます。

文学作品は作家が考えたフィクションであって事実を描いたものはありませんが、一方、研究のためのデータと違って、分析結果を公刊することに研究倫理上の制約がないという利点があります。文学作品はフィクションであり、全ての情報は予め開示されていますし、本人の意思で公刊されたものですから、自由に分析することができます（筆者は生育史を書いてもらった学生に対して長期にわたって縦断研究を続けていますが、卒業生はお互いの情報を知っているため、匿名にしても特定されてしまう可能性があり、個々のデータを使って論文にすることのむずかしさに直面しています）。しかも人間性の本質についての造詣が深いエキスパートが描いた、豊かな素材が提供されているのです。実証的な検討が倫理的にむずかしいのであれば、小説の分析をするのも一つの方法ではないかと思います。

またこのような著書を出版することになったもう一つの理由として、「まえがき」でも述べたように、「文学を心理学を通して読む」というような論文を以前から書きたいと思っていたのですが、昨年3月に定年退職し、今までの研究を振り返ったり、書類の整理をしながら昔のノートを見たりしているうちに、その思いが強まったことがあげられます。幸い、自由に考え、書く時間がもてたこともあり、新たに7～9章を書き、以前に書いた論文を一部書き直して著書にまとめることができました。ただし文学作品を心理学の観点から論ずるといっても、文学評論は専門外ですし、偏った読み方をしていたり一人よがりな点もあるかと思います。本書を読んで、忌憚のないご意見、ご感想をお聴かせいただければ幸いです。

40数年にわたって発達心理学・教育心理学領域の研究をし、教育に携わってきましたが、それらの知見や考え方を使って、人間について深く掘り下げ人々の心を捉え続けている文学作品を読み解くということを、これからも続けていきたいと思っています。

巻末の初出論文一覧をみるとわかるように、本書のほとんどの章は順天堂大学の紀要論文を元にしています。アカデミックな論文とはいえない変わった論文に発表の場を与えてくださった順天堂大学に感謝いたします。

新曜社には、2009年、2011年にも教科書を公刊していただいています。小説等をコラムでとりあげたユニークな教科書なのですが、本書では、短いコラムではなく論文として詳しく論じてみました。今回も「とても面白いですよ」と言って、出版を引き受けてくださった塩浦暲氏にお礼申し上げたいと思います。

山岸　明子

著者プロフィール

山岸明子［ヤマギシ アキコ］

東京生まれ。東京大学教育学部教育心理学科卒業。東京大学大学院教育学研究科博士課程単位取得退学。教育学博士（東京大学）。順天堂医療短期大学，順天堂大学医療看護学部，スポーツ健康科学部教授を歴任。専門は発達心理学・教育心理学。2014年定年退職。

主要著書（単著）『道徳性の発達に関する実証的・理論的研究』（風間書房），『道徳性の芽生え ── 幼児期からの心の教育』（単編，チャイルド本社），『対人的枠組みと過去から現在の経験のとらえ方に関する研究』（風間書房），『発達をうながす教育心理学 ── 大人はどうかかわったらいいのか』（新曜社），『こころの旅 ── 発達心理学入門』（新曜社）

新曜社

心理学で文学を読む

困難を乗り越える力を育む

初版第１刷発行　2015年５月15日

著　者　山岸明子

発行者　塩浦　暲

発行所　株式会社　新曜社

101-0051　東京都千代田区神田神保町３－９

電話（03）3264－4973（代）・FAX（03）3239－2958

e-mail : info@shin-yo-sha.co.jp

URL : http://www.shin-yo-sha.co.jp

組　版　Katzen House

印　刷　新日本印刷

製　本　イマヰ製本所

ISBN978-4-7885-1435-5 C1011

初出一覧

本書の9章のうち、8章（第7章は書き下ろし）の初出は以下の通りである。それらの論文を元に、一部書き直しや加筆・縮減を行った。

1章　「発達心理学から見た『海辺のカフカ』 ── なぜ主人公は危機を乗り越えることができたのか」『医療看護研究』1, 8-15, 2005.

2章　「なぜ２人の少年は立ち直ったのか ── 映画『学校Ⅱ』をめぐる教育心理学的考察」『医療看護研究』2, 130-135, 2006.

3章　「老人と少年の交流がもたらすもの ── ２つの小説をめぐる発達心理学的考察」『医療看護研究』3, 102-18, 2007.

4章　「なぜ Dave Pelzer は立ち直ったのか ── 被虐待児の生育史の分析」『医療看護研究』4, 95-101, 2008.

5章　「児童期の連帯についての発達心理学的考察 ── 『蠅の王』と『芽むしり仔撃ち』をめぐって」『順天堂スポーツ健康科学研究』11, 37-48, 2007.

6章　「罪悪感再考 ── 4つの罪悪感をめぐって」『医療看護研究』6, 64-71, 2010.

「道徳性発達とジェンダーの問題 ── Kohlberg & Gilligan 理論再考」『順天堂スポーツ健康科学研究』1(4), 449-456, 2010.

7章　書き下ろし

8章　「アゴタ・クリストフの『悪童日記』三部作における主人公の育ちと対人関係のあり方」『医療看護研究』11(2), 42-49, 2015.

9章　「発達心理学の観点から見た『赤毛のアン』の成長の妥当性」『順天堂保健看護研究』3, 52-61, 2015.

文　献

まえがき

［1］山岸明子（1983）「おとなになるということ ── Kohlberg理論とErikson理論をめぐって」『心理学評論』*26*(4), 272-288.

1　主人公カフカはなぜ立ち直ったのか ── 村上春樹『海辺のカフカ』

［1］村上春樹 (2002)『海辺のカフカ』上下, 新潮社.

［2］岩宮恵子 (2004)『思春期をめぐる冒険 ── 心理療法と村上春樹の世界』日本評論社.

［3］村上春樹 (2003)『少年カフカ』新潮社.

［4］Freud, A. (1936)／外林大作訳 (1985)『自我と防衛』誠信書房.

［5］Erikson, E. H. (1959)／小此木啓吾訳編 (1973)『自我同一性』誠信書房.

［6］村瀬孝雄 (1976)「青年期危機概念をめぐる実証的考察」笠原嘉他編『青年の精神病理１』弘文堂.

［7］Coleman, J., & Hendry, L. B. (1999)／白井利明他訳 (2003)『青年期の本質』ミネルヴァ書房.

［8］長尾博 (1999)「青年期の自我発達上の危機状態に影響を及ぼす要因」『教育心理学研究』*47*(2), 131-140.

［9］Bowlby, J. (1973)／黒田実郎他訳 (1977)『母子関係の理論Ⅱ　分離不安』岩崎学術出版社.

［10］Holmes, J. (1993)／黒田実郎・黒田聖一訳 (1996)『ボウルビィとアタッチメント理論』岩崎学術出版社.

［11］遠藤利彦 (2001)「関係性とパーソナリティ発達の理論 ── 愛着理論の現在」中島義明編『現代心理学理論事典』朝倉書店, 488-521.

［12］Sullivan, H. S. (1953)／中井久夫他訳 (1990)『精神医学は対人関係論である』みすず書房.

［13］Main, M. (1991) Metacognitive knowledge, metacognitive monitoring, and singular (coherent) vs multiple (incoherent) models of attachment: Findings and directions for future research. In C. M. Parkes, J. Stevenson-Hinde, & P. Marris (Eds.), *Attachment*

across the life cycle. Routledge, pp.127-156.

［14］Fonagy, P., Steele, M., Steele, H., Moran, G. S., & Higgitt, A. C. (1991) The capacity for understanding mental states: The reflevtive self in parent and child and its significance for security of attachment. *Infant Mental Health Journal, 12*, 201-218.

［15］Ricks, M. H. (1985) The social transmission of parental behavior: Attachment across generation. In I. Bretherton, & E. Waters (Eds.), *Growing points of attachment theory and research. Monographs of the Society for Research in Child Development. 50*, 211-227.

［16］Lazarus, R. S., & Folkman, S. (1984)／本明寛他訳(1991)『ストレスの心理学 ── 認知的評価と対処の研究』実務教育出版.

［17］江口重幸 (2000)「病の語りと人生の変容 ── 『慢性分裂病』への臨床民族誌的アプローチ」やまだようこ編『人生を物語る ── 生成のライフストーリー』ミネルヴァ書房, 39-72.

［18］浅野智彦 (2001)『自己への物語論的接近 ── 家族療法から社会学へ』勁草書房.

［19］村上春樹 (1997)『アンダーグラウンド』講談社.

［20］村上春樹 (2000)『神の子どもたちはみな踊る』新潮社.

2　２人の少年はなぜ立ち直ったのか ── 山田洋次『学校Ⅱ』

［1］山田洋次 (1993)『学校』松竹ホームビデオ.

［2］山田洋次 (1993)『学校』同時代ライブラリー, 岩波書店.

［3］山田洋次・田中孝彦 (1993)『寅さんの学校論』岩波ブックレット No..326, 岩波書店.

［4］原田彰 (2003)『教師論の現在 ── 文芸からみた子どもと教師』北大路書房.

［5］山田洋次 (1996)『学校Ⅱ』松竹ホームビデオ.

［6］Erikson, E. H. (1959)／小此木啓吾訳編 (1973)『自我同一性』誠信書房.

［7］Bowlby, J. (1973)／黒田実郎他訳 (1977)『母子関係の理論Ⅱ　分離不安』岩崎学術出版社.

［8］Main, M., Kaplan, N., & Cassidy, J. (1985) Security in infancy, childhood and adulthood: A move to the level of representation. In I. Bretherton, & E. Waters (Eds.), *Growing points in attachment theory and research. Monographs of the Society for Research in Child Development, 50*, 66-104.

[9] Ricks, M. H. (1985) The social transmission of parental behavior: Attachment across generation. In L. Bretherton, & E. Waters (Eds.). *Growing points of attachment theory and research. Monographs of the Society for Research in Child Development, 50*, 211-227.
[10] Bretherton, I. (1988) Open communication and internal working models: Their role in the development of attachment relationships. *Nebraska Symposium on Motivation*. Lincoln, NB: University of Nebraska Press, 57-113.
[11] Bandura, A. (1995)／本明寛・野口京子監訳 (1997)『激動社会の中の自己効力』金子書房.
[12] 神谷美恵子 (1966)『生きがいについて』みすず書房.
[13] 太田雄三(2001)『喪失からの出発 ── 神谷美恵子のこと』岩波書店.
[14] 金子龍太郎 (2002)「『開かれた対人系』として見る生涯発達 ── 児童福祉施設出身者の半生から虐待の世代間連鎖を防ぐモデルを見出す」『龍谷大学国際社会文化研究所紀要』*4*, 185-199.
[15] 春日耕夫 (1997)『「よい子」という病 ── 登校拒否とその周辺』岩波書店.
[16] Sullivan, S. (1953)／中井久夫他訳 (1990)『精神医学は対人関係論である』みすず書房.
[17] 上野一彦 (2003)『ＬＤ（学習障害）とＡＤＨＤ（注意欠陥多動性障害）』講談社＋α新書.
[18] Emde, R. N., Johnson, W. F., & Easterbrooks, A. (1987) The do's and don'ts of early moral development: Psychoanalytic tradition and current research. In J. Kagan, & S. Lamb (Eds.), *The emergence of morality in young children*. Chicago: University of Chicago Press, 277-305.
[19] 久保田まり (1995)「間主観的関係性と自己の発達」秋田経済法科大学経済学部『経済学部紀要』*23*, 21-34.

3　老人と少年の交流 ── 小川洋子『博士の愛した数式』と湯本香樹実『夏の庭』

[1] Erikson, E. H., Erikson, J. M. & Kivnick, H. Q. (1986)／朝長正徳・朝長梨枝子訳 (1990)『老年期 ── 生き生きしたかかわりあい』みすず書房.
[2] Rowe, J. W. & Kahn, R. L. (1998)／関根一彦訳 (2000)『年齢の嘘』日経ＢＰ社.
[3] 川野健治 (2004)「サクセスフル・エイジング」日本児童研究所編『児童

心理学の進歩2004年版』vol.43, 206-222, 金子書房.
［4］ Holmes, T. H., & Rahe, R. H. (1967) The social readjustment rating scale. *Journal of Psychosomatic Research, 11*, 213-218.
［5］ 岡林秀樹・杉澤秀博・矢冨直美他 (1997)「配偶者との死別が高齢者の健康に及ぼす影響と社会的支援の緩衝効果」『心理学研究』*68*(3), 147-154.
［6］ 柳澤理子・馬場雄司・伊藤千代子他 (2002)「家族および家族外からのソーシャル・サポートと高齢者の心理的ＱＯＬとの関連」『日本公衆衛生雑誌』*49*(8), 766-773.
［7］ 早坂信哉・多治見守泰・大木いずみ他 (2002)「在宅要援護高齢者の主観的健康感に影響を及ぼす因子」『厚生の指標』*49*(15), 22-27.
［8］ 河合千恵子・佐々木正宏 (2004)「配偶者の死への適応とサクセスフルエイジング ── 16年間にわたる縦断研究からの検討」『心理学研究』*75*(1), 49-58.
［9］ 厚生労働省 (2005)『21世紀出生児縦断調査／内閣府　高齢社会白書　平成17年版』55, ぎょうせい.
［10］ 内閣府 (2005)『高齢者の地域社会への参加に関する意識調査／内閣府　高齢社会白書　平成17年版』56, ぎょうせい.
［11］ 田畑治・星野和美・佐藤朗子他 (1996)「青年期における孫・祖父母関係尺度の作成」『心理学研究』*67*(5), 375-381.
［12］ Kivnick, H. Q. (1983) Dimensions of grandparenthood meaning: Deductive conceptualization and empirical derivation. *Journal of Personality and Social Psychology, 44*, 1056-1068, 1983.
［13］ 山岸明子 (2000)「女子青年によって再構成された幼少期から現在にかけての母親との関係」『青年心理学研究』*20*, 31-46.
［14］ Bowlby, J. (1968)／黒田実郎他訳 (1982)『母子関係の理論Ⅰ　愛着行動』岩崎学術出版社.
［15］ 前原武子・金城育子・稲谷ふみ枝 (2000)「続柄の違う祖父母と孫の関係」『教育心理学研究』*48*, 120-127.
［16］ 小川洋子 (2003)『博士の愛した数式』新潮社.
［17］ 湯本香樹実(1992)『夏の庭』福武書店.
［18］ Erikson, E. H.(1964)／鑪幹八郎訳 (1971)『洞察と責任 ── 精神分析の臨床と倫理』誠信書房.
［19］ 柏木恵子・若松素子 (1994)「『親となる』ことによる人格発達 ── 生涯

発達的観点から親を研究する試み」『発達心理学研究』*5*, 72-83.
［20］岡本祐子 (1996)「ケアすることとアイデンティティの発達」岡本祐子編著『女性の生涯発達とアイデンティティ』北大路書房, 143-178.
［21］松尾直博 (2002)「学校における暴力・いじめ防止プログラムの動向 ── 学校・学級単位での取り組み」『教育心理学研究』*50*, 487-499.

4　被虐待児の立ち直り ── デイヴ・ペルザー『It（それ）と呼ばれた子』

［1］加藤敏・八木剛平 (2009)『レジリエンス ── 現代精神医学の新しいパラダイム』金原出版.
［2］Lazarus, R. S., & Folkman, S. (1984)／本明寛他訳 (1991)『ストレスの心理学 ── 認知的評価と対処の研究』実務教育出版.
［3］Bandura, A. (1995)／本明寛・野口京子監訳 (1997)『激動社会の中の自己効力』金子書房.
［4］Antonovsky, A (1987)／山崎喜比古・吉井清子監訳 (1991)『健康の謎を解く ── ストレス対処と健康保持のメカニズム』有信堂.
［5］Werner, E. E. & Smith, R. S. (2001) *Journeys from childhood to midlife: Risk, resilience, and recovery*. New York: Cornell Univ. Press.
［6］Luthar, S. S., Cicchetti, D. & Becker, B. (2000) The construct of resilience: A critical evaluation and guidelines for future works. *Child Development, 71*, 543-562.
［7］Masten, A. S. (2001) Ordinary magic: Resilience process in development. *The American Psychologist, 56*, 227-238.
［8］小塩真司・中谷素之・金子一史・長峰伸治 (2002)「ネガティブな出来事からの立ち直りを導く心理的特性 ── 精神的回復力尺度の作成」『カウンセリング研究』*35*(1), 57-65.
［9］荒木剛 (2002)「いじめ被害体験の長期的影響とリズィリエンシー（Resiliency）」『性格心理学研究』*10*(2), 108-109.
［10］高辻千恵 (2002)「幼児の園生活におけるレジリエンス ── 尺度の作成と対人葛藤場面への反応による妥当性の検討」『教育心理学研究』*50*(4), 427-435.
［11］石毛みどり・無藤隆 (2005)「中学生における精神的健康とレジリエンス及びソーシャル・サポートとの関連 ── 受験期の学業場面に着目して」『教育心理学研究』*53*(3), 356-367.
［12］平野真理 (2010)「レジリエンスの資質的要因・獲得的要因の分類の試

み ── 二次元レジリエンス要因尺度（BRS）の作成」『パーソナリティ研究』*19*(2), 94-106.

［13］ Roisman, G. I., Padron, E., Sroufe, A., & Egeland, B. (2002) Earned-secure attachment status in retrospect and prospect. *Child Development, 73*(4), 1204-1219.

［14］ Main, M. (1991) Metacognitive knowledge, metacognitive monitoring, and singular (coherent) vs multiple (incoherent) models of attachment: Findings and directions for future research. In C. M. Parkes, J. Stevenson-Hinde, & P. Marris (Eds.), *Attachment across the life cycle*. Routledge, 127-156.

［15］ Ricks, M. H. (1985) The social transmission of parental behavior: Attachment across generation. In I. Bretherton & E. Waters (Eds.), *Growing points of attachment theory and research. Monographs of the Society for Research in Child Development, 50*, 211-227.

［16］ Pelzer, D. (1995)／田栗美奈子訳 (2002)『"It"（それ）と呼ばれた子 幼年期』ソニー・マガジンズ.

［17］ Pelzer, D. (1997)／田栗美奈子訳 (2003)『"It"（それ）と呼ばれた子 少年期ロストボーイ』ソニー・マガジンズ.

［18］ Pelzer, D. (1999)／田栗美奈子訳 (2004)『"It"（それ）と呼ばれた子 青春編』ソニー・マガジンズ.

［19］ Pelzer, D. (1999)／田栗美奈子訳 (2003)『"It"（それ）と呼ばれた子 完結編さよなら"It"』ソニー・マガジンズ

［20］ Pelzer, D. (2001)／田栗美奈子訳 (2005)『"It"（それ）と呼ばれた子 指南編許す勇気を生きる力に』ソニー・マガジンズ.

［21］ やまだようこ (2000)「人生を物語ることの意味 ── なぜライフストーリー研究か」『教育心理学年報』*39*, 146-161.

［22］ Jordan, P. (2002) Dysfunction for dollars. *The New York Times*, July 28.

［23］ 山岸明子 (2006)『対人的枠組みと過去から現在の対人的経験の認知に関する研究 ── 縦断的研究を中心に』風間書房.

［24］ 金子龍太郎 (1999)「『開かれた対人系』として見る生涯発達 ── 乙羽信子と新藤兼人の自叙伝から人生モデルの構築を試みる」『人間性心理学研究』*17*(2), 198-209.

［25］ 金子龍太郎 (2002)「『開かれた対人系』として見る生涯発達 ── 児童福祉施設出身者の半生から虐待の世代間連鎖を防ぐモデルを見出す」『龍谷大学国際社会文化研究所紀要』*4*, 185-199.

［26］安藤みゆき・数井みゆき (2004)「『もうひとりの重要な（意味ある）他者』── 児童養護施設出身者のライフストーリーより」『茨城大学教育学部紀要（人文・社会科学、芸術）』*53*, 75-94.
［27］数井みゆき・遠藤利彦 (2005)『アタッチメント ── 生涯にわたる絆』ミネルヴァ書房.
［28］Sullivan, H. S. (1953)／中井久夫他訳 (1990)『精神医学は対人関係論である』みすず書房.
［29］西平直喜 (1996)『生育史心理学序説 ── 伝記研究から自分史制作へ』金子書房.
［30］Pelzer, R. (2004)／佐竹史子訳 (2004)『ペルザー家　虐待の連鎖』ソニー・マガジンズ.

5　少年の連帯 ── ゴールディング『蝿の王』と大江健三郎『芽むしり仔撃ち』

［1］Erikson, E. H. (1959)／小此木啓吾訳編 (1973)『自我同一性』誠信書房.
［2］Piaget, J. (1930)／大伴茂訳 (1957)『児童臨床心理学Ⅲ　児童道徳判断の発達』同文書院.
［3］Kohlberg, L. (1984) *Essays in Moral Development vol-2: The Psychology of Moral Development*. San Francisco: Harper & Row.
［4］Power, C. & Higgins, A, (1992)「正義的共同社会理論」（大西頼子訳）日本道徳性心理学研究会編『道徳性心理学』北大路書房, 70-114.
［5］Golding, W. (1954)／平井正穂訳 (1975)『蝿の王』新潮社.
［6］大江健三郎 (1958)『芽むしり仔撃ち』『大江健三郎集』(1969) 新潮社.
［7］山岸明子 (1988)「幼児期の自我発達 ── 遊びにおける対物的主体感を中心に」『教育学研究』*55*(4), 329-337.
［8］Peterson, C., Maier, S. E., & Seligman, M. E. P. (1992)／津田彰監訳 (1993)『学習性無力感』二瓶社.
［9］Piaget, J., Erikson, E. H. 他 (edited by M. W. Piers) (1972)／赤塚徳郎・森彬監訳 (1978)『遊びと発達の心理学』黎明書房.
［10］高田利武（1991）「社会的比較 ── その発達過程」三隅二不二・木下富雄編『現代社会心理学の発展Ⅱ』ナカニシヤ出版.
［11］白井利明 (1997)『時間的展望の生涯発達心理学』勁草書房.
［12］速水敏彦 (2000)「私の動機づけ研究における２つの発達的視点」小嶋秀夫他編『人間発達と心理学』金子書房, 59-66.

[13] Reimer, J., Paolitto, D. P. & Hersh, R. H. (1983)／荒木紀幸監訳（2004）『道徳性を発達させる授業のコツ』北大路書房.
[14] Gilligan, C. (1982)／岩男寿美子監訳 (1986)『もうひとつの声 ── 男女の道徳観のちがいと女性のアイデンティティ』川島書店.

6　罪悪感再考：４つの罪悪感をめぐって ── 遠藤周作『沈黙』『死海のほとり』とユン・チアン『ワイルド・スワン』

[1] 山岸明子 (2002)「現代青年の規範意識の稀薄性の発達的意味」『順天堂医療短期大学紀要』*13*, 49-58.
[2] Baumeister, R. F., Stillwell, A. M., & Heatherton, T. F. (1994) Guilt: An interpersonal approach. *Psychological Bulletin, 115*, 243-267.
[3] Tangney, J. P. & Salovey, P. (1999)「恥・罪悪感・嫉妬・妬み ── 問題をはらむ社会的感情」 R. M. Kowalski, & M. R. Leary, ／安藤清志訳（2001）『臨床社会心理学の進歩』北大路書房, 191-221.
[4] Hoffman, M. (2000)／菊池章夫・二宮克美訳 (2001)『共感と道徳性の発達心理学 ── 思いやりと正義とのかかわりで』川島書店.
[5] 高森淳一 (2004)「罪悪感再考 ── 対象関係と愛他性を視点として」『天理大学年報』*205*, 79-121.
[6] Bybee, J. (1998) *Guilt and children*. London: Academic Press.
[7] Tangney, J. P. & Dearing, R. L. (2002) *Shame and guilt*. New York: The Guilford Press.
[8] 石川隆行・内山伊知郎 (2001)「５才児の罪悪感に共感性と役割取得能力が及ぼす影響について」『教育心理学研究』*49*, 60-68.
[9] 有光興記 (2002)「日本人青年の罪悪感喚起状況の構造」『心理学研究』*73*(2), 148-156.
[10] 大西将史 (2007)「日本人青年の特性罪悪感の構造に関する研究」博士論文
[11] 大西将史 (2008)「青年期における特性罪悪感の構造 ── 罪悪感の概念整理と精神分析理論に依拠した新たな特性罪悪感尺度の作成」『パーソナリティ研究』*16*(2), 171-184.
[12] Freud, S. (1923)／小此木啓吾訳 (1970)『自我とエス』人文書院.
[13] 小此木啓吾 (1982)『日本人の阿闍世コンプレックス』中央公論社.
[14] 小此木啓吾・北山修 (2001)『阿闍世コンプレックス』創元社.

［15］ Bandura, A. (1989) Social cognitive theory of moral thought and action. In W. M. Kurtines & J. L. Gewirtz (Eds.) *Morality, moral behavior and moral development: Advances in theory, research and applications.* Hillsdale NJ: LEA. 71-129.

［16］ Piaget, J. (1930)／大伴茂訳 (1957)『児童道徳判断の発達』同文書院.

［17］ Kohlberg, L. (1984) *Essays on moral development, vol.2: The psychology of moral development*. Harper & Row.

［18］ 山岸明子 (1995)『道徳性の発達に関する実証的・理論的研究』風間書房.

［19］ Gilligan, C. (1982)／岩男寿美子監訳 (1986)『もうひとつの声 ― 男女の道徳観のちがいと女性のアイデンティティ』川島書店.

［20］ O'conner, L. E., Berry, J. W. & Weiss, J. (1999) Interpersonal guilt, shame, and psychological problems. *Journal of Social and Clinical Pssychology, 18*(2), 181-203.

［21］ Kochanska, G., Gross, J. N., Lin, M. H., & Nichols, K. E. (2002) Guilt in young children: Development, determinants, and relations with a broader system of standards. *Child Development, 73*, 461-482.

［22］ Benedict, R. (1946)／長谷川松治訳 (2005)『菊と刀 ― 日本文化の型』講談社.

［23］ Walker, L. J. (2006) Gender and morality. In M. Killen, & J. Smetana (Eds.), *Handbook of Moral Development*. Erlbaum, 93-115.

［24］ 山岸明子 (2010)「道徳性発達とジェンダー ― Kohlberg & Gilligan 理論再考」『順天堂スポーツ健康科学研究』*1*(4), 449-456.

［25］ Chang, Jung (1991)／土屋京子訳 (1993)『ワイルド・スワン』講談社.

［26］ 遠藤周作 (1966/ 1981)『沈黙』新潮文庫.

［27］ 相川充・吉森護 (1995)「心理的負債尺度の作成の試み」『社会心理学研究』*11*(1), 63-72.

［28］ 村瀬孝雄 (1996)『自己の臨床心理学３　内観 ― 理論と文化関連性』誠信書房.

［29］ 三木善彦 (1976)『内観療法入門 ― 日本的自己探究の世界』創元社.

［30］ 遠藤周作 (1973/ 1983)『死海のほとり』新潮文庫.

［31］ 遠藤周作 (1973/ 1982)『イエスの生涯』新潮文庫.

［32］ 河合隼雄 (1976)『母性社会日本の病理』中央公論社.

［33］ 山村賢明 (1971)『日本人と母』東洋館.

［34］ Lifton, R. J. (1976)／渡辺牧・水野節夫訳 (1989)『現代（いま）、死にふれて生きる ― 精神分析から自己形成パラダイムへ』有信堂高文社.

[35] 岡野憲一郎 (1998)『恥と自己愛の精神分析 ── 対人恐怖から差別論まで』岩崎学術出版社.
[36] 神谷美恵子 (2004)『人間を見つめて』みすず書房.
[37] 土居健郎 (1971)『甘えの構造』弘文堂.
[38] 鹿島茂 (2009)『吉本隆明1968』平凡社.
[39] Ikeno, S. (2000) Cultural roles and coping processes among the survivors of the Hanshin Awaji (Kobe) earthquake, January 17, 1995: An ethnographic approach.『関西学院大学社会学部紀要』*85*, 81-100.
[40] Herman, J. L. (1997)／中井久夫訳 (1999)『心的外傷と回復』みすず書房.

7 罪悪感と日本の国語教科書 ── 夏目漱石『こころ』、森鴎外『舞姫』、芥川龍之介『羅生門』、新美南吉『ごんぎつね』

[1] 文部科学省 (2008)『小学校学習指導要領解説　国語編』東洋館出版社.
[2] 今井康夫 (1990)『アメリカ人と日本人 ── 教科書が語る「強い個人」と「やさしい一員」』創流出版.
[3] 石原千秋 (2005)『国語教科書の思想』ちくま新書.
[4] 塘利枝子 (2013)「東アジアと欧州の教科書に描かれた『いい子』像」安藤寿康・鹿毛雅治編『教育心理学 ── 教育の科学的解明をめざして』慶応義塾大学出版会, 273-276.
[5] 稲田繁夫 (1959)「国語科教育における道徳教育」『人文科学研究報告（長崎大学）』*9*, 11-16.
[6] 唐澤富太郎 (1990)『教科書の歴史 ── 教科書と日本人の形成（上）（下）』ぎょうせい.
[7] 塘利枝子 (1995)「日英の教科書に見る家族 ── 子どもの社会化過程としての教科書」『発達心理学研究』*6*(1), 1-16.
[8] 塘利枝子 (2005)『アジアの教科書に見る子ども』ナカニシヤ出版.
[9] 二宮皓 (2010)『こんなに違う！世界の国語教科書』メディアファクトリー新書.
[10] 府川源一郎 (2000)『ごんぎつねをめぐる謎 ── こども・文学・教科書』教育出版.
[11] 井上英明 (1990)『異文化時代の国語と国文学』サイマル出版会.
[12] 野中潤 (2007)「定番教材の起源と生き残りの罪障感 ── 『こころ』『ごんぎつね』『夕鶴』『高瀬舟』ほか」『学芸国語国文学』*39*, 54-62.

［13］橋本暢夫 (2002)『中等学校国語教材史研究』渓水社.
［14］阿武泉 (2004)『戦後高等学校国語教科書データベース』前掲書［12］による.
［15］山岸明子 (2010)「道徳性発達とジェンダーの問題 ── Kohlberg & Gilligan 理論再考」『順天堂スポーツ科学研究』*1*(4), 449-456.
［16］Lifton, R. J. (1976)／渡辺牧・水野節夫訳 (1989)『現代（いま）、死にふれて生きる ── 精神分析から自己形成パラダイムへ』有信堂高文社.
［17］Hoffman, M. (2000)／菊池章夫・二宮克美訳 (2001)『共感と道徳性の発達心理学 ── 思いやりと正義とのかかわりで』川島書店.

8 『悪童日記』の主人公の育ちと対人関係 ── アゴタ・クリストフ『悪童日記』三部作

［1］Kristof, A. (1986)／堀茂樹訳 (2001)『悪童日記』早川書房.
［2］東浦弘樹 (2007)「母は死すべし、父は死すべし ── アゴタ・クリストフの『悪童日記』」『人文論究』関西学院大学, *57*(1), 87-104.
［3］金杉恭子 (1994)「アゴタ・クリストフ『大きなノート』 ── 反父権制ゲームとしての物語」『広島修大論集　人文編』*35*(1), 135-160.
［4］布施英利 (1996)「脳の中のブンガク…８　アゴタ・クリストフの『父』」『すばる』集英社, *18*(8), 206-215.
［5］沼田充義・池内紀・池澤夏樹 (1992)「アゴタ・クリストフの三部作を読む」『文学界』*46*(10), 230-249, 文芸春秋.
［6］Kristof, A. (1988)／堀茂樹訳 (2001)『ふたりの証拠』早川書房.
［7］Kristof, A. (1991)／堀茂樹訳 (2002)『第三の嘘』早川書房.
［8］Bowlby, J. (1973) *Attachment and loss, vol.2: Separation*. London: The Horgan Press. 黒田実郎他訳 (1977)『母子関係の理論Ⅱ　分離不安』岩崎学術出版社.
［9］Erikson, E. H. (1950)／仁科弥生訳 (1977)『幼児期と社会』みすず書房.
［10］遠藤利彦 (2007)「アタッチメント理論とその実証研究を俯瞰する」数井みゆき・遠藤利彦編『アタッチメントと臨床領域』ミネルヴァ書房, 1-58.
［11］Bartholomew, K. & Horowitz, L. M. (1991) Attachment styles among young adults: A test of a four-category model. *Journal of Personality and Social Psychology*, 61-2, 226-244.
［12］斎藤学編 (1998)『児童虐待　臨床編』金剛出版.
［13］Kristof, A. (2006) *L'analphabete*. Paris: Ed. Du.Seuil. 堀茂樹訳 (2014)『文盲

―― アゴタ・クリストフ自伝』白水社.
［14］ Lepore, S. J. & Smyth, J. M. (2002) *The writing cure: How expressive writing promotes health and emotional well-being*. American Psychological Association. 余語真夫他監訳 (2004)『筆記療法』北大路書房.
［15］ Winnicott, D. V. (1971) *Playing and reality*. London: Tavistock. 橋本雅雄訳 (1979)『遊ぶことと現実』岩崎学術出版社.
［16］ 山口智 (2007)「青年期における『想像上の仲間』に関する一考察 ―― 語りと体験様式から」『京都大学大学院教育学研究科紀要』53, 111-124.

9　アンの成長の妥当性 ―― ルーシー・モンゴメリ『赤毛のアン』

［1］ Montgomery, L. M. (1908) *Anne of green gables*. 村岡花子訳 (1952/2008)『赤毛のアン』新潮社.
［2］ 小倉千加子 (2004)『「赤毛のアン」の秘密』岩波書店.
［3］ 毎日新聞社 (2010-2014)『読書世論調査　2010-2014年度版』毎日新聞社.
［4］ 佐藤義隆 (2010)「『赤毛のアン』の魅力を探る」『岐阜女子大学紀要』39, 87-105.
［5］ 斎藤美奈子 (2001)「『少女小説』の使用法」『文学界』6月号, 246-274.
［6］ 藤井佳子 (2009)「なぜ孤児物語なのか ―― 日本で読まれる英語圏の少女小説」『奈良女子大学文学部研究教育年報』6, 23-28.
［7］ 山下景子 (2011)「モンゴメリと少女孤児物語」*Evergreen*, 33, 51-90.
［8］ 川端有子 (2006)『少女小説から世界がみえる』河出書房新社.
［9］ Twain, M. 前掲書［1］のあとがきによる。
［10］ van den Berg, J. H. (1972) *Dubious maternal affection*.（足立叡・田中一彦訳『疑わしき母性愛 ―― 子どもの性格形成と母子関係』川島書店.）
［11］ Bowlby, J. (1988) *A secure base: Clinical applications of attachment theory*. 二木武監訳 (1993)『母と子のアタッチメント ―― 心の安全基地』医歯薬出版.
［12］ Erikson, E. H. (1950)／仁科弥生訳 (1977)『幼児期と社会』みすず書房.
［13］ Chisholm, K. (1998) A three year follow-up of attachment and indiscriminate friendliness in children adopted from Romanian orphanages. *Child Development, 69*, 1092-1106.
［14］ 遠藤利彦 (2007)「アタッチメント理論とその実証研究を俯瞰する」数井みゆき・遠藤利彦編『アタッチメントと臨床領域』ミネルヴァ書房.
［15］ 青木豊 (2008)「アタッチメント障害の診断と治療」庄司順一・奥山真紀

子・久保田まり編著『アタッチメント ―― 子ども虐待・トラウマ・対象喪失・社会的養護をめぐって』明石書店, 122-142.

［16］Gilien, M. (1978)／中村妙子訳 (1986)『赤毛のアンの世界 ―― 作者モンゴメリの生きた日々』新潮社.

［17］Sullivan, H. S. (1953)／中井久夫他訳 (1990)『精神医学は対人関係論である』みすず書房.

［18］Masten, A. S., Cutuli, J. J., Herbers, L. E., & Reed, M. G. (2009) Resilience in development. In S. Lopez & C. R. Snyder (Eds.), *Oxford Handbook of Positive Psychology*. Second Edition, Oxford University Press, 117-131.

［19］Montgomery, L. M. (1926)／谷口由美子訳 (2009)『青い城』角川書店.

［20］Erikson, E. H.(1964)／鑪幹八郎訳 (1971)『洞察と責任 ―― 精神分析の臨床と倫理』誠信書房.